KB179889

숫자 사회

순 자산 10억이 목표가 된 사회는 어떻게 붕괴되는가

숫자 사회

임의진 지음

whale books

우리 고유의 관계와 비교의 문화가 어쩌다 불신과 숫자 만능 사회를 만들어버렸다. 신뢰와 연대가 보상은 고사하고 박탈감, 소외감, 억울함만 안겨준다. 돈이 신이된 대한민국 사회에서 우리는 모두 '벼락부자'를 꿈꾸지만 실제로는 '벼락거지' 꼴을 면하려 있는 힘을 다해 뛴다. 냉정과 열정을 넘나드는 이 책에서 저자는 저신뢰 사회를 극복하고 한국형 공동체를 구축해야 한다고 역설한다. 한국형 공동체의 핵심 가치는 신뢰에 기반한 다양성 확장이다. 나는 최근 우리 사회 곳곳에서 들려오는 다양한 성공 사례에서 희망을 읽는다. 양궁, 쇼트트랙, 펜싱 등 세계를 제패한 스포츠에서 BTS, 조성진, 임윤찬은 물론, '기생충'과 '오징어 게임'에 이르기까지 다양한 성공이 나타나기 시작했다. 숫자에 발목 잡힌 각자도생의 굴레를 벗어던지고 서로를 존중하고 각자의 다양성을 인정하는 건강한 사회로 가는 길이 이 책에 담겨 있다. 여럿이 읽고 토론하기 좋은 책이다.

— **최재천**(이화여대 에코과학부 석좌교수, 생명다양성재단 이사장)

벼락거지를 피하고자 아등바등 열심이다. 돈을 알려주고 불려주겠다는 소음도 많다. 그리하여 파이어족의 경제적 자유는 모두의 꿈이다. '자산=행복'은 의심되지 않는다. 모두가 숫자로 검증되는 돈의 양에 사활을 건다. 도대체 어쩌다 한국이 믿을 건 돈뿐인 저신뢰 사회가 됐을까 싶다. 개발협력 전문가인 저자는 빈곤·격차 등 숱한 후진국형 사회문제에 한국 사회의 오늘을 비춰본 듯하다. 풍요 사회의 역설을 비웃듯 숫자화된 불신·불만을 끄집어낸다. 즉 주술적 성공 신화가 숫자적 중간·평균의 집단 강박을 낳았다는 의미다. 비교를 위한 숫자만큼 설득력 있는 절대기준도 없는 까닭에서다. 이렇게 중간·평균의 기본값을 흡수한 우리는 시나브로 돈의 노예로 전락한다. 해법은 뭘까. 연대·협력을 통한 공동체의 복원을 내놓는다. 구태의연(?)한 제안임에도 끄덕일 수밖에 없다. 그나마 인간 중심의 공동체에서 숫자를 대체할 실낱같은 희망도 찾아볼 수 있어서다.

— **전영수** (한양대 국제대학원 교수, 사회경제학자)

30대 후반인 필자는 동년배나 더 젊은 세대를 염두에 두고 썼겠지만, 이 책은 입이 근질근질해도 "라떼는 말이야"를 차마 늘어놓지 못하는 50대 이상들이 꼭 읽어야 할 책이다. 모든 것이 숫자, 아니 돈으로 표시되는 사회. 사랑도 명예도 이름도 남김없이 한평생 달려간 곳이 겨우 여기였을까? 아니면 한평생 달려가지 못해서 젊은 세대와 함께 이런 지옥에서 헤매는 것일까? 유신세대와 386세대는 열정을 갖고 민주와 평등을 위해 헌신했던 세대들이었다. 그런데 왜 부모로서 그들은 자식들을 뒤처지면 죽는다며 무한 경쟁에 몰아넣었을까? 처음부터 다시 시작할 수는 없지만, 그렇다고 이렇게 그냥 둘 수는 없지 않은가. 도대체 이해하기 힘든 젊은 세대들. 그들의 현실과 고민을 이해하고 해결의 실마리를 같이 찾아보려는 사람들이 꼭 보아야 할 책이다.

— **한홍구** (성공회대 교양학부 교수, 역사학자)

숫자를 떠받드는 사람들

언젠가부터 놀이공원에 긴 줄을 서지 않아도 되는 특별한 '패스'가 생겼다. 별도 출입구를 통해 바로 입장하거나 패스 구매자끼리 형성된 짧은 줄만 서면 된다. 가격은 만만치 않다. 1회당 약 만 원 가까이 내야 한다. 하지만 1~2시간, 길게는 3시간가량 기다려야 탈 수 있을 놀이 기구를 대기 시간 없이 혹은 길어도 20분 정도면 탈 수 있다. 여건이 된다면 당연히 사야 하고, 다소 부담되더라도 놀이공원에 자주 오지 않는 만큼 한 번쯤 지르는 것이 나을 테다. 종일 줄 서느라 시간 다 버리고 함께 온 가족들이 놀이 기구 몇 개 타지도 못한 채 지쳐 돌아가는 것보다야 훨씬 나으니까.

"돈을 내면 빨리 탄다." 자본주의 관점에서는 지극히 자연스럽다. 현대 자본주의 사회에서 돈을 더 내고 개인 편익을 취하는 거래는 합리적이다. 특히 돈으로 시간을 사는 일은 매우 현명한 소비로 여겨진다. 그런데 놀이공원 패스에는 우리가 생각해봐야 할 점이 한 가지 있다. 구매자의 편의가 비구매자의 '불편'을 초래한다는 깃이다.

만약 특정 구매가 타인의 편의를 해치지 않고 나의 편익만 늘려준다면 딱히 문제가 되지 않을 테다. 항공기의 비즈니스와 이코노미 클래스의 차이, 뮤지컬 공연의 VIP 좌석과 기타 좌석 간 차이가 여기에 해당한다. 내가 더 좋은 자리에서 편안하게 여행하거나 공연을 보는 행위가 다른 사람의 여정이나 관람을 방해하지 않는다. 이코노미에 타도 목적지에 동일하게 도착하고 A·B석에서도 공연을 큰 무리 없이 즐길 수 있다.

그런데 놀이공원 패스는 다르다. 내가 빠르게 가려고 다른 이들을 더 기다리게 만들기 때문이다. 돈을 더 내고 먼저 타는 사람들이 늘어날수록 기존 줄은 점점 길어진다. 그리고 더 오랜 시간 동안 대기해야만 한다. 패스 구매자는 돈으로 단순히 자기 시간만 사는 것이 아니다. 의도하지 않았더라도 다른 누군가의 시간을 함께 사는 결과를 가져온다. 그들의 자발적 동의 없이, 그들에게 대가를 지불하지도 않고, 단순히 시스템이 그렇다는 이유로.

이는 현 자본주의의 상징이자 우리 사회를 축소해 그려낸 초상과도 같다. 한때 다 함께 경제성장의 과실을 누리던 시절이 있었고, 내 돈을 내면 내가 조금 더 편해지던 시기가 있었다. 그러나 날로 격화하는 경쟁 속에서 모두가 사이좋게 나눠 가지는 시대는 지났다. 나의 편의가 다른 이의 불편을 부르고, 다른 이가 편해지면 내가 불편해지기 쉬운 상황이 점차 늘어난다. 남보다 더 나은 무언가가 곧 자신의 가치를 입증하는 도구로 사용되는 비교와 경쟁 구도에서는 누군가의 불행이 있어야 나의 행복을 쌓을 수 있다.

물론 현대 자본주의 체제에서 어쩔 수 없는 측면이 있다. 이제 모두가 똑같은 삶의 질을 누릴 수는 없다. 일각에서 이야기하는 결과의 평등은 불가능할뿐더러 바람직하다고 하기도 어렵다. 그러나 구성원 간 격차를 대하는 우리 사회의 태도에 대해서는 한 번쯤 곱씹어 볼 필요가 있다.

이러한 논란이 발생했을 때 "부러우면 너도 돈 내고 빨리 타"라고 일갈하고 마는 것이 지금 우리 사회 모습이다. 심화하는 불평등, 커지는 자산 격차, 계약직·비정규직에 대한 차별, 중소기업의 열악한 여건, 부족한 사회안전망 체계 등 주요 사회적 과제는 예나 지금이나 큰 차이가 없다. 그러나 사람들의 인식은 많이 달라졌다. '미리 집 사지 않은 사람들 잘못이지 누구를 탓해', '너도 그러면 정규직 했어야지', '누가 칼 들고 대기업 다니지 말라고 막기라도 했냐'와 같은 반응을 찾아보기 어렵지 않다.

돈이 많으면 좋고, 삶을 더 누릴 수 있다. 하지만 돈이 없다고 불편해져야 할까? 이러한 문제의식은 오직 못 가진 자들의 박탈감으로 치부된다. 물론 돈 많은 사람과 자신을 비교하며 열등감을 숨긴 채 공격적이고 부정적인 감정을 드러내는 이들도 있다. 그러나 이런 식으로 질문 자체를 차단하면 복잡하게 얽힌 상황을 풀고 개선하려는 논의를 이어갈 수 없다.

이러한 현실을 바라보며 누군가는 강렬한 문제의식을 느낄 것이고, 다른 누군가는 도대체 이게 왜 문제냐며 지극히 마땅한 거 아니냐고 되물을 것이다. 둘 중 무엇이 옳으냐는 가치 판단을 떠나 후자를 지지하는 사람들이 점점 더 많아지는 '현상'을 지켜보며 '왜'를 떠올렸다.

한국은 이제 돈이나 돈으로 나타나는 유무형의 자산, 즉 숫자가 전부인 사회라고 해도 지나치지 않다. 우리는 왜 돈을 맹목적으로 따르고 있을까? 많은 한국인이 남들과 자신이 가진 숫자를 비교하며 우월감에 젖거나 자격지심 혹은 상대적 박탈감에 빠진다. 자본주의를 뼛속 깊이 내재화하고 각자의 욕망을 좇는 사이, 각자도생에 내몰리는 사람들은 그러한 현실을 힘겨워하면서도 당연하게 받아들인다.

이러한 현상을 개인들의 탓으로 돌릴 수만은 없다. 우리 사회는 성공으로 향하는 문 자체가 좁아서 다수의 패배자가 양산되는 구조에 놓여 있지만, 실패의 책임을 오롯이 바늘구멍을 통과하지 못한 사람들에게 지우고 있다. 물론 삶에서 일어나는 선택의 결과는 기본적으로 자신이 감당해야 한다. 하지만 특정 시기에 일부 제한된 직종 내부로 들어가지 못하거나 자산을 취득하지 못하면 만회할 기회 없이 격차가 점점 벌어지는 구조는 어떻게 해야 할까?

이런 환경에서는 현 체제에서 살아남기 위한 전투에 뛰어드는 것 외에 개인이 할 수 있는 일이 많지 않다. 이제 우리가 벌이는 치열한 경쟁은 더 이상 건강한 삶과 꿈, 욕망을 의미하지 않는다. 타인에 대한 배려와 존중, 신뢰가 사라진 공간에 남은 것은 인정욕구와 생존 투쟁, 그리고 다른 이들에게 뒤처지지 않고자 하는 마음뿐이다.

어쩌면 우리는 단순히 돈을 좇는 게 아니라 그 아래 깔린 어떤 욕망을 좇는 것일지도 모른다. 가진 돈과 자산이 많아진다고, 숫자의 자릿수가 늘어난다고 해서 삶에 만족하는가 하면 또 그렇지도 않은 까닭이다. 한국인의 사회경제적 욕망을 충족하는 기준은 어떤 것일까? 우리가 추구하는 숫자 이면에는 무엇이 숨어 있을까?

이 책은 사실의 적시나 진리 탐구가 아니라 현상을 대하는 하나의 관점이자 해석이다. 동시에 제안이기도 하다. 우리 사회를 조금은 다른 시선으로 바라보며 함께 고민해 보고 싶었다.

시시비비를 가리는 차원을 넘어 다양한 의견과 이야기들이 피어나기를, 그리하여 우리 사회가 조금은 더 나은 모습으로 나아가기를 바란다.

차례

Chapter 1 돈에 미친 사람들은 누구인가

Chapter 2 숫자 이면에 숨겨진 생존 투쟁

Chapter 3

한국형 성공에 얽힌 욕망, 잠복기는 끝났다

Chapter 4

숫자 너머 새로운 도약

Chapter

1

돈에 미친 사람들은
누구인가

참을 수 없는 경제적 자유의 가벼움

돈, 너만 쉽게 안 벌고 있어요

요즘에야 워낙 금리가 많이 오른 데다 경기도 좋지 않은 탓에 시들해졌지만, 얼마 전까지만 해도 어디를 가나 투자 이야기를 들을 수 있었다. 2020년과 2021년 늘어난 유동성은 저금리의 파도를 타고 부동산과 주식, 코인 시장으로 흘러들었다. 노동소득만으로 미래를 담보할 수 없는 상황에서 가만히 앉아 있으면 소위 '벼락거지' 되기 십상이니 사람들은 너도나도 뒤처지지 않기 위해 눈에 불을 켜고 투자에 뛰어들었다. 서점에는 투자와 재테크 관련 책들이 넘쳐났고, 베스트셀러 매대에는 '돈 버는 방법'을 알려주는 책들이 깔렸다.

부동산과 주식, 코인 투자로 이득을 보기 어려워지면서 사람들은 다른 수단을 찾기 시작했다. 금리 상승과 함께 안전한 정기예금과 적금 상품을 찾는 이들도 많아졌다. 환율과 채권 금리가 오른다는 소식이 들리면 환차익을 노리거나 주식 대신 채권으로 눈을 돌리기도 한다.

인스타그램을 보다 보면 친구와 지인들이 올린 사진이나 영상보다 광고가 더 많다고 느껴지곤 하는데, 그중 흥미로운 것은 돈을 버는 방법을 알려주겠다는 광고들이다.

• **부동산 투자**: 고금리 시대 부동산 냉각기라 해서 돈 버는 방법이 없지는 않다. 오히려 지금이 차근차근 준비할 좋은 기회! 경매로 좋은 물건을 '줍줍'하는 방법이 궁금한가? 가만히 앉아서 월세를 받고 싶다고? 나에게 오라.

• **블로그 마케팅**: 블로그만 해도 돈이 된다. 월 1000만 원 이상도 충분히 가능하다. 이미 수익을 인증한 수강생이 넘쳐난다. 팔로워를 늘려 기업으로부터 직접 광고를 받거나, 유료 회원을 모을 수도 있다.

• **책 쓰기**: 온라인 강의를 듣고 자신만의 콘텐츠로 책을 쓴다. 그

런데 내 이야기를 아무거나 쓴다고 책이 팔리겠는가? 핵심은 잘 읽히는 책, 소위 '잘 팔리는' 책을 쓰는 방법이다.

- **노마드 비즈니스**: 스마트스토어 운영, 굿즈 만들기 등을 통해 재능이 없어도 자동 수익 파이프라인을 구축할 수 있다. 하루에 몇 시간만 일해도, 여행 나니면서 일해도 지속 가능한 수입이 발생한다.

그런데 광고의 파도에서 허우적거리다 빠져나와 보면 왠지 모를 위화감이 든다. 이 광고들이 정말 말하고 싶은 것은 무엇일까? 여기에서 느껴지는 건 그 안에 있는 어떤 강력한 욕망이다. 이런 강의들이 끌어들이려는 대상은 누구일까? 그들의 어떤 욕망을 건드리는 것일까? 바로 돈을 버는 것, 그것도 '쉽게' 버는 것이다.

현재 우리 사회에 만연한 욕망을 한 줄로 요약하자면, '어떻게 하면 적은 노력으로 많은 돈을 벌 수 있을까'라고 할 수 있을 것 같다. 사람들이 이런 생각을 하게 된 것이 최근의 일이라고 할 수는 없다. 조기 은퇴를 꿈꾸는 파이어족, 인생 한 방이라는 한탕주의 등은 이미 우리에게 익숙하다. 그러나 최근 몇 년 사이에 확실하게 달라진 점이 있다면, 이러한 현상이 매우 심화했다는 것, 그리고 그렇게까지 생각하지 않던 사람들마저 이 방향으로 확 쏠렸다는 것이다.

최소한의 노력으로 최대한의 산출물을 뽑아내려는 시도는 인간 보편의 욕구이자 자연스러운 마음이라 할 수 있다. 이 자체를 부정하거나 나쁜 것이라 매도하고 싶지는 않다. 나 역시도 기본적으로 이런 태도를 취하고 있다. 일을 할 때도 적은 시간과 노력을 들여 더 많은 성과를 거두면 좋은 것 아닌가? '효율적'이라 칭찬받아 마땅하다. 돈을 버는 행위라고 다르지 않다. 쉽게 돈을 많이 벌 수 있으면 좋지, 대체 어느 누가 그걸 마다할까.

그러나 오늘날 우리의 모습은 단순히 '효율적으로 돈을 잘 벌자'와 같은 부에 대한 건강한 욕구로는 보이지 않는다. 모두가 무언가에 홀린 듯 돈만을 향한 맹목적 열망을 노골적으로 드러내고 있고, 다른 쪽에서는 이미 거대하게 부풀어 오른 욕망 덩어리를 더욱 부채질한다. 그러한 욕망의 근원적 메시지는 이런 것이 아닐까. "힘들이지 않고 많이 벌었으면 좋겠다. 남들 다 쉽게 버는 것 같은데 나는 왜 안 돼? 나도 그러고 싶어!"

누군가는 일과 노동의 가치 상실을 이야기한다. 자산소득이 늘어나는 속도가 근로소득의 증가 속도를 멀찍이 앞지르고, 그럴수록 자산 불평등의 정도는 커지며 격차 역시 점점 벌어진다. '일해서 무엇하나, 종일 회사에 붙어 있어봤자 무슨 의미가 있는가' 하는 마음이 솟구치고 하루 중 대부분 시간을 일하며 보내는 것이 바보처럼 느껴진다. 월급만으로 삶의 긍정적인 변화를 기대하기란 이제 불가능하며 현상 유지조차 버겁다고 느끼는 현실에서 매일 하는 노동은 설 자리를 잃어간다.

다른 누군가는 그래도 역시 일은 중요하다고 주장한다. 하지만 이 경우에도 일 자체의 가치에 주목하기보다 '돈과 자산 중심 관점'에서 바라보는 경향이 늘었다. (특히 부동산 커뮤니티를 중심으로) ○○억 상당 아파트의 월세가 300만 원이니, 월 300만 원의 근로소득은 곧 ○○억의 자산 가치와 같다는 식의 비유를 어렵지 않게 찾아볼 수 있다. '자산을 불리고 싶다면' 매월 꼬박꼬박 들어오는 월급의 소중함을 깨닫고 지금부터라도 투자와 관리를 시작해야 한다고 경종을 울린다.

모두 일리가 있다. 우리 사회가 일과 노동의 가치를 상실하고 있다는 목소리도, 그럼에도 불구하고 근로소득은 중요하며 일과 노동의 가치를 경시하면 안 된다는 주장도 옳다. 그런데 정작 이런 이야기를 곱씹어 보며 자신의 생각을 정리해 보는 사람들은 그리 많지 않은 것 같다. 우리의 마음은 이렇게 외친다. "다 알겠는데, 나도 부자가 되어야겠다, 나도 다른 사람들처럼 노력 대비 많은 돈을 벌고 싶다!"

우리 사회의 새로운 바이블, 경제적 자유

최근 한국 사회 절대다수가 선망하는 키워드를 딱 하나만 꼽으라면 '경제적 자유'가 아닐까 한다. 정치, 경제, 사회, 문화를 아우르며 쏟아져 나오는 정책과 이슈에는 자연스럽게 찬반이 갈리게 마련이고, 이는 개인의 신앙 영역에서조차 예외가 될 수 없다. 하지만 기세 좋게 휘날리는 '경제적 자유'의 깃발만큼은 어떠한 비판에서도 자유로운 듯 보인다. 이 새로운 신성불가침의 선언문은 마치 인생에서 추구해야 할 궁극의 진리가 되어버린 것 같다.

'경제적 자유'라고 하면 경제학 관점에서 시장에서의 자유로운 경쟁을 보장하고자 하는 자유주의(대표적으로 신자유주의)와 용어가 겹칠 수 있고, 더 폭넓게는 '경제적'이란 무엇이며 '자유'를 어떻게 정의할 것인가에 대해 다양한 논의가 이루어질 수 있다.

그러나 현재 우리 사회에서 일반적으로 통용되는 의미의 경제적 자유는 '경제적으로 여유로워서 자신의 의지대로 자유롭게 삶을 영위할 수 있는 상태' 정도로 정의할 수 있다. 즉, 돈 걱정 없이 사는 삶이다. 의미를 조금 더 확장하자면 금전을 대가로 시간을 살 만한 여건 혹은 원하는 대로 시간을 사용할 수 있는 자유라고도 할 수 있다.

상상만 해도 기분이 좋다. 우리는 의미 없는 일들에 얼마나 많은 시간과 에너지를 쏟으며 살아가는가. 돈이 곧 행복을 의미하지는 않지만, 돈이 있어야 행복해지는 (혹은 그러할 가능성이 높아지는) 것도 사실이다. 소소하게는 옷과 신발을 사고, 연인에게 줄 선물을 고르고, 가족들과 함께할 외식 메뉴를 정하는 데서부터 자녀들 입히고 먹이고 학원 보내는 비용은 물론 갑자기 아프거나 사고가 일어났을 때 내야 할 병원비까지 세상의 크고 작은 모든 일에는 돈이 필요하다. 경제적 자유는 뭐 하나 사려고 할 때마다 주머니 사정을 먼저 계산해야 하거나, 이사를 갈 때마다 전세금 올려줘야 할 걱정에 시달리는 등 지난한 삶의 구질구질함에서 벗어나도록 해준다.

이에 더해 일상의 각박함을 해결할 만한 수준 이상의 소득을 올리거나 자산을 보유하고 있다면 불행 해소의 차원을 넘어 만족감을 느낄 수 있다. 비로소 삶에 '여유'라는 것이 생기고, 조금 더 나아가면 경제적 자유가 진정 중요하고 의미 있는 부분, 삶의 선택지를 넓혀준다는 점에 가닿을 수 있다. 돈 걱정 없이 내가 원하는 일을 하며 살 수 있는 자유, 그리고 이보다 더 중요한 것은 '내가 원하지 않는 일을 하지 않을 수 있는' 자유 아닐까. 이렇게 확장된 자유도는 삶의 만족도를 향상해 준다. 이는 '건강한' 형태의 경제적 자유가 가져다주는 직접적이고 긍정적인 영향으로 누구나 꿈꿀 만한 바람직한 삶의 모습일 것이다.

그런데 '경제적 자유'를 원하는 사람들의 모습에서는 이러한 긍정적이고 건강한 인상을 발견하기 어렵다. 경제적 자유의 의미는 퇴색되고 변질되어, 단순히 돈을 많이 번다는 추상적인 문장 그 이상도 그 이하도 아닌 것이 되어버린 듯하다. 돈을 벌자, 남들보다 더. 아파트를 사자, 기왕이면 서울의 입지 좋은 곳으로. 최근 몇 년 사이 이전보다 훨씬 많은 사람이 돈과 아파트라는, 다른 형태를 띠고 있지만 본질적으로 같은 가치를 가진 두 대상에 더욱 직접적인 열망을 드러냈고, 나아가 '집착'하는 것처럼 보였다. 운과 타이밍이 맞아 자산 가치 폭등의 파도를 탔다면 승자가, 그렇게 하지 못했다면 벼락거지라고 자조하는 패자가 되었다.

우리 사회에 크게 경제적 자유를 바라보는 두 가지 상반된 시각이 존재한다. 한편은 말 그대로 경제적 자유를 추구하는(혹은 추종하는) 태도다. 월세와 같은 임대 수입이나 금융 소득, 블로그와 인스타그램 활동 등을 통해 매달 월급보다 더 많은 돈이 꼬박꼬박 입금되고, 굳이 오랜 시간 회사에 내 시간을 가져다 바치지 않아도 자산이 저절로 불어난다면 얼마나 좋은가!

반대편에서는 경제적 자유는 물론 부(富) 자체에 대해 비판적 시각을 견지한다. 부의 축적 과정에서 부자들은 분명히 비리를 저지르고, 건물주가 될 수 있는 사람은 금수저뿐이며 자신과 같은 흙수저는 평생 모아도 집 한 채 사기 어렵다는, 심지어 부자는 "돈, 돈" 하고 살기 때문에 불행하리라는 그런 흔한 이야기.

　물론 모든 사람을 이 두 유형으로 나눌 수는 없다. 그 중간 어딘가에 머무는 사람도 있고, 경제적 자유를 원하면서도 지레 포기하는 사람들도 많을 테고, 이러한 대립에서 벗어나 자신의 현재 삶에 만족하며 사는 소수의 사람들 역시 존재한다. 하지만 마지막 부류를 제외한 거의 모든 사람은 좋든 싫든 경제적 자유를 강하게 '의식'하며 살아간다. 돈과 부에 대한 태도와 무관하게 사회 구성원 대부분의 머릿속 한구석에 존재하는 개념이기에 많은 사람이 경제적 자유를 이야기하며 그에 이르는 전략과 전술을 설명하고, 또 다른 이들은 그러한 노하우를 전수받고자 한다.

　그런데 여기에는 매우 중요한 질문이 하나 빠져 있다. 경제적 자유 다음에는 무엇이 있는가?

그냥 놀고 싶습니까?

우리는 왜 경제적 자유에 이르고자 하는가? 아무도 묻지 않고 아무도 대답하려 하지 않는다. 본디 경제적 자유는 하고 싶은 일을 마음껏 할 수 있는 '상태'이거나 하기 위한 '수단'이므로, 이를 바탕으로 얻은 여유를 관심 분야에 쏟고 싶은 사람도 있을 테다. 하지만 대부분은 그렇지 않은 것 같다. 사람들의 진짜 심리는 무엇일까?

그들의 마음 깊은 곳에는 불안과 두려움, 비교와 질시, 소외감과 패배감 그리고 상대적 박탈감과 같은, 개인의 진정한 '자유'를 억압하는 부정적 감정들로 가득하다. 이러한 억압 속에서 경제적 자유는 삶의 목적 그 자체이자 인생의 맹목적 목표가 되었다. 그러나 경제적 자유는 상대적인 개념도 아니고 삶의 승패를 가르는 기준도 아니다. 삶에 관한 자신만의 명확한 기준을 세우고 그에 부합하는 '경제적' 수준을 유지하며 진정한 목적을 향해 나아갈 수 있다면 그것이 바로 경제적 자유다.

하지만 다른 사람들과의 경쟁이 필수적이지 않은 영역에 '경쟁'이 개입하면서, 우리는 남들과 비교하며 자신의 위치를 끊임없이 확인한다. 그러는 사이 왜 경제적 자유를 이루려 하는가 하는 물음은 사라지고 경제적 자유를 달성한 이후에 무엇을 할지, 어떤 일을 하고 싶은지, 어떤 삶을 살고 싶은지에 대한 성찰은 증발해 버린다. 어쩌면 애초에 존재한 적이 없는지도 모른다. 경제적 자유를 이루고 대단한 규모의 자산을 축적하고 나서도 허탈하고 허무하다는 사람이 많은 이유다.

Q: 경제적 자유를 얻게 된다면 뭐 하고 싶어?

A: 일단 직장부터 그만두고 집 사야지. 해외여행도 가고… 음, 차

도 살까?

Q: 그다음에 뭐 할래?

A: ….

사람들에게는 하고 싶지 않은 일만 있는 것 같다. 모두가 일확천금 부자가 되어 이른 나이에 은퇴하고 싶나는데, 은퇴하면 대체 뭘 하면서 살 것인가? 여기에 딱 부러지게 자신이 원하는 삶에 대해 구체적으로 설명하는 사람을 거의 만나보지 못했다. 단순히 놀고먹는다? 좋다. 그러기를 원한다면 그것도 나쁘지 않다. 예능 프로그램 〈무한도전〉에서 나온 유명한 말도 있지 않은가. "꿈은 없고요, 그냥 놀고 싶습니다."

그런데 개그맨 박명수는 청춘 페스티벌 강연[1]에서 저 멘트를 언급하며 이 시간을 즐기라고 하는 동시에 이렇게 말했다. "저는 방송 생활할 때 정말 절실했어요. 나는 개그맨 아니면 할 게 없거든요. 죽는다는 생각으로 한 거예요. … 내가 뭘 해야 하는지만큼은 절실해야 되는 거, 그거 찾으세요. … 자기가 절실해야 되는 걸 찾고, 그리고 뭘 하면 행복할지를 찾고."

나는 이야기의 방점이 여기에 찍혀 있다고 본다. 현재를 즐기되 이거 아니면 안 된다는 것을 찾아서 절실하게 해라. 하지만 다들 별생각 없이 하는 놀고먹고 싶다는 말이 내게는 단지 '현재 삶에서 벗어나고 싶어요'라는 외침으로 들린다. 그래서 사람들은 돈이 벌리는 (더 정확히는 벌린다고 알려진) 곳으로 몰린다. 부동산으로, 주식으로, 코인으로, 블로그로, 인스타로.

그러나 어떤 것도 생각만큼 쉽지 않다. 어떠한 투자든 성공한 사람의 방식을 그대로 답습하는 것을 넘어 '자기화'해야 한다. 처음에는 무작정 베끼고 똑같이 따라 하는 카피 전략도 필요하겠지만, 초기 단계 이후에는 벤치마킹 포인트와 자신의 콘텐츠를 연결해 지난한 과정을 반복해야만 성공할 수 있다. 그러나 대부분은 그렇게 하지 못한다. 단순히 강의를 듣고 조금 따라 해보면서 쉽게 돈을 벌려고만 한다.

이것이 나쁜가? 돈을 벌고 추구하는 것 자체는 결코 나쁜 일이 아니다. 돈이 최고의 가치일 수 있다. 문제는 너무 많은 사람이 오직 돈만을 좇는다는 데 있다.

여러 가치 중 무엇보다 돈이 가장 중요하다는 사람들의 존재가 당연하듯, 돈 외에도 각자 다양한 삶의 영역에 자신만의 의미를 부여할 수 있다는 것 역시 자연스럽다. 그런데 돈은 점점 삶의 다른 요소들을 압도하는 유일무이한 가치가 되어가고 있다. 많은 드라마가 이러한 사람들의 욕망을 반영한다. 재벌이 되거나, 재벌과 연애 혹은 결혼을 하거나, 재벌이 아니더라도 부자나 전문직의 삶을 그리는 드라마는 발에 차이도록 많다. 작가 개인의 욕망일 수도 있지만 이는 사회 전반의 욕망과 별반 다르지 않다. 모든 개인의 욕망에는 일정 부분 소속된 집단이나 사회의 욕망이 투영되기 때문이다. 이러한 드라마들의 시청률이 잘 나온다는 점 역시 그러한 실태를 반영한다.

사람들이 돈을 좋아하는 것이 어제오늘만의 일은 아니다. 예전에도 돈은 중요했고, 돈을 좇는 세태도 있었고, 재벌이 주인공인 드라마 역시 인기리에 방영되었다. 부에 대한 욕망의 역사는 짧지 않으며 비단 한국 사회에서만 일어나는 현상도 아니다. 하지만 최근 몇 년간 피부로 느껴질 정도로 사람들이 돈이라는 가치에 맹목적이라는 점만큼은 분명하다. 이를 '당연한 현상'이라며 가볍게 지나치기는 어렵다.

직접적이고 일차적인 원인은 역시 부동산값 폭등이다. 이전에도 빈부 격차는 점점 커지고 있었지만 코로나19 시국을 거치는 동안 자산 불평등이 더욱 심화했다. 부동산이나 코인으로 벼락부자가 되거나 그 정도까지는 아니더라도 몇억씩 자산 가치가 늘어나는 사람들에 비하면 힘든 노동의 대가로 받는 월급은 미미해도 너무 미미하다. 이런 상황에서는 나도 그렇게 벌고 싶다는 생각이 드는 것이 당연하다. 결국 '너만 버냐 나도 벌자'는 심정으로 전 국민이 투자(또는 투기)에 열중하는 실정이니 현재의 전반적인 분위기도 충분히 이해가 된다.

하지만 사회 구성원 대부분이 돈, 자산, 아파트만을 바라보며 사는 것은 정상적이지 않다. 모든 사람이 돈 벌어서 빨리 은퇴하는 삶을 꿈꾸고, '돈 많은 백수'가 되고자 하는 사회를 건강하다고 할 수 있을까? 현 자본주의 시스템에서 자산이 핵심인 것은 부정할 수 없으며 어느 정도의 불평등이 발생할 수밖에 없다는 사실을 인정하더라도, 심화하는 불평등을 완화할 방법을 찾고 함께 숙고하려는 노력 또한 필요하다. 자산 격차와 불평등에 관한 이야기는 이미 너무나 많지만 이러한 논의는 현실에 뿌리내리지 못하고 있다. 문제 해결을 위한 진정한 고민이 사라진 자리에는 현 체제하에서 어떻게든 살아남기 위해 자산 축적에 집착하고 몰두하는 파편화된 개인들만 남았다.

현재 우리 사회는 경제적 자유를 선망하는 모든 사람의 목표를 다 품어줄 수 없다. 삶에 관한 자신만의 명확한 기준을 세우고 그에 부합하는 경제적 수준을 유지하는 선에서 '자유'를 누린다는, 건강한 본래 의미의 경제적 자유가 실종되었기 때문이다. 남들보다 더 많이 벌고 더 좋은 아파트를 구입해 상위 등급으로 올라가야 하는 경쟁적인 경제적 자유는 표면적으로는 '누구나' 할 수 있고 모두에게 기회가 열려 있는 듯 보이지만, 실제로는 극소수만이 다다를 수 있는 바늘구멍 싸움에 불과하다. 그럼에도 왜 사람들은 이토록 경제적 자유에 매몰될까? 경제적 자유를 이루기만 하면 삶의 모든 근심과 걱정이 사라지고 여생을 평탄하게 보낼 수 있을까?

'돈=행복'의 상관관계

1974년 리처드 이스털린이 "소득이 늘어도 행복감은 늘어나지 않는다"라고 주장한 이래[2] 돈과 행복의 상관관계를 다룬 수많은 연구가 이루어졌다. 이미 많은 사람이 너무나 잘 알듯이 그 연구들은 '일정 수준까지는 소득이 높아질수록 행복도 역시 증가하지만 어느 지점을 넘어서면 돈은 행복에 거의 영향을 미치지 못한다'는 데 대체로 동의한다. 돈으로 모든 것을 살 수는 없으며 행복을 사는 데에도 한계가 있다는 이야기다. 노벨 경제학상 수상자인 대니얼 카너먼과 앵거스 디턴은 갤럽 설문 조사 결과를 바탕으로 그 기준이 연간 약 7만 5000달러이며 소득 수준이

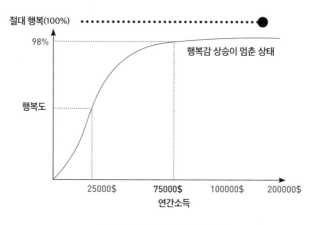

소득 수준과 행복도의 상관관계

더 높아지면 돈을 더 벌더라도 일상적인 행복감에 큰 차이가 없다고 밝혔다.[3]

　대부분의 연구는 이와 같이 그래프 끝에서 행복도 상승이 멈추는 지점에 주목한다. 그런데 정작 중요한 것은 앞부분일 수 있다. "소득 7만 5000달러까지는 행복이 눈에 띄게 증가한다"라는 사실 말이다. 카너먼과 디턴의 연구가 2010년에 발표되었고, 갤럽이 미국인을 대상으로 설문을 실시했던 기간이 2008~2009년이었다는 점을 감안하면 7만 5000달러라는 기준은 인플레이션과 자산 가치 증대 등을 고려했을 때 더 올라갔다고 봐야 한다. 환율을 고려하면 2023년 현재 대략 1억 원 전후라고 가정해 볼 수 있는데, 이는 최소한 연봉 1억(혹은 그 이상)까지는 소득이 증가하면 행복도 역시 함께 늘어난다는 의미다.

　국세청이 공개한 〈2020년 국세통계연보〉에 따르면 2020년 한국에서 근로소득 1억 원을 초과한 사람의 수는 91만 6000명으로 전체 근로자 대비 4.7퍼센트다. 이 비율을 대입해 보면 한국에서 소득이 더 늘어나도 행복도가 증가하지 않는 사람의 비율은 고작 5퍼센트도 채 되지 않는다는 뜻이다. 반대로 말하면 95퍼센트라는 절대다수는 월급을 지금보다 조금 많이 받기만 해도 더 행복해진다는 것인데, 혹시 이것이 한국인들이 유독 불행한 이유일까?

　하지만 95퍼센트라는 수치는 선뜻 받아들이기 어렵다. 미

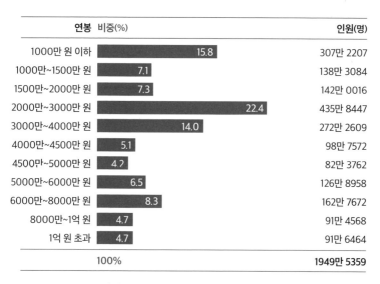

연봉	비중(%)	인원(명)
1000만 원 이하	15.8	307만 2207
1000만~1500만 원	7.1	138만 3084
1500만~2000만 원	7.3	142만 0016
2000만~3000만 원	22.4	435만 8447
3000만~4000만 원	14.0	272만 2609
4000만~4500만 원	5.1	98만 7572
4500만~5000만 원	4.2	82만 3762
5000만~6000만 원	6.5	126만 8958
6000만~8000만 원	8.3	162만 7672
8000만~1억 원	4.7	91만 4568
1억 원 초과	4.7	91만 6464
	100%	1949만 5359

2020년 연봉 구간별 비중 (국세청, 2020년 〈국세통계연보〉)

국의 평균 연봉을 그대로 적용하면 안 되지 않겠냐고? 맞는 말
이다. 2020년 미국인 평균 연봉은 5만 6310달러로 당시 환율
수준인 달러당 1200원을 적용하면 약 6757만 원이다.[4] 2020년
한국의 평균 연봉은 3828만 원이니 미국과 비교해 56.7퍼센트
수준에 불과하다.[5] 이제 1억 원의 56.7퍼센트인 5670만 원을 대
략적인 한국인의 '소득-행복 비례 상한선'이라고 해보자.

　우리의 소득-행복 비례 상한선을 편의상 국세청 자료
에 맞추어 6000만 원으로 설정한다면 17.7퍼센트, 보수적으
로 5000만 원으로 낮춰 잡는다고 해도 24.2퍼센트만이 해당 기

준을 넘어서는 연봉을 벌어들인다. 넉넉하게 생각해도 전체의 4분의 1을 넘지 않는다. 그렇다면 나머지 4분의 3은 연봉이 늘어난다면 즉각적으로 즐거워질 것이며 소득-행복 비례 상한선 위쪽에 자리한 사람들에 비해 증가하는 행복도의 폭 역시 클 것으로 추정할 수 있다. 95퍼센트라는 절대적인 수치만큼은 아니지만 75퍼센트 역시 만만치 않은 숫자다. 게다가 우리는 앞서 한국인의 평균 연봉이 3828만 원임을 확인했는데, 가장 많은 근로자가 몰린 구간은 2000만 원에서 3000만 원 사이로 심지어 평균 연봉을 밑돈다.

이러한 상황이다 보니 대다수의 경우, 가진 돈이 늘어날수록 행복감이 함께 증대하는 것이 지극히 당연하다. 모두가 돈을 더 벌고 싶어 하며 자산을 축적하기를 원하는 연유도 충분히 이해가 된다. 디턴은 "그 정도 돈(7만 5000달러)이면 친구들과 놀러 나가는 것처럼 기분 좋게 만드는 무언가를 하는 데 돈이 큰 문제가 되지 않는 수준"이라 말했다지만, 그 정도 돈이 없거나 그 정도 돈이 있더라도 '편하게 쓸 수 없는' 사람들이 훨씬 많다는 점을 간과해서도 안 된다.

그리고 현대 자본주의가 발달할수록 돈으로 살 수 있는 행복 또한 늘어난다. 샌디에이고 주립대학교 진 트웽이Jean Twenge 교수의 연구 팀이 1972년부터 2016년까지 44년 동안의 데이터를 분석한 결과에 따르면, 시간이 흐르는 동안 돈이 행복에 미치는 영향력이 점점 강해지는 방향으로 돈과 행복의 관계가 변화했다. 심지어 이들의 연구는 카너먼과 디턴의 앞선 연구와 다르게 소득 증가에 따라 행복감이 늘어나는 비율이 급격하게 줄어들지 않았음을 보여준다.[6] 달리 말하면 행복도가 평평해지는 소득 기준이 특별히 나타나지 않았다는 의미로, 예를 들어 연간 11만 달러를 버는 사람보다 16만 달러를 버는 사람이 더 행복하다는 뜻이다.

하지만 두 연구의 내용이 충돌한다고 결론 내리기에는 아직 이르다. 행복감을 느끼는 소득 상한선이 높아졌기 때문은 아닐까? 단순히 물가 상승분만 고려하는 것으로는 부족하다. 예전보다 훨씬 더 많은 돈이 있어야만 주거, 의료, 안전, 건강, 여가 등 삶에서 필수적인 요소를 누릴 수 있는 세상이다. 집을 보유하고 교육과 의료 등 삶의 기본적인 영역을 충족하는 정도는 되어야 비로소 돈을 더 많이 벌더라도 행복감이 크게 달라지지 않는 상태에 이를 수 있다.

이를테면 연봉이 2억 원인 사람은 우리가 설정한 소득-행복 비례 상한선을 훌쩍 웃도는 고소득을 벌어들이기는 해도 만약 3억 원을 번다면 더 행복해질 것이다. 그러나 10억 원을 벌던 사람이 11억 혹은 12억 원을 벌게 되었을 때의 행복감 변화에는 그만한 차이가 발생하지 않을 것이다. 다만 돈이 행복에 미치는 영향력이 점점 커지고 있다는 사실만큼은 부인하기 어렵다.

한국인들의 낮은 행복지수는 새삼스러운 사실이 아니다. 유엔 산하 지속가능발전해법네트워크SDSN의 〈2022 세계 행복 보고서〉에서 한국의 국가 행복지수는 10점 만점에 5.9점으로 전 세계 평균(5.6점)을 살짝 넘기는 정도이며, 조사 대상 146개 국 중 59위에 자리하고 있다.[7] 어쩌면 '평균을 넘는다고? 생각 보다 높은데?'라고 생각할 수도 있을 것 같다. 그러나 우리나라 의 경제력을 감안하면 결코 높다고 할 수 없는 순위인데, 경제 협력개발기구OECD 38개 회원국으로 범위를 좁히면 꼴찌나 마 찬가지인 36위이기 때문이다. 여러 요인이 있겠으나 국가 전체 GDP가 단기간 내 급증했음에도 소득 격차가 크게 벌어진 탓이 크다. 그러니 한국인들 대다수가 행복하지 않은 이유는 복잡하 게 생각할 필요 없이 정말 '돈 문제'일지도 모르겠다.

그러나 이것이 전부일까? 소득 증대 자체도 결코 쉬운 일 은 아니겠으나, 그렇다고 5670만 원보다 더 많은 연봉을 받으 면 정말 사람들은 행복해질까? 만약 연봉이 1억 원이 넘는다면, 더 벌지 않아도 충분하다고 생각할까? 우리가 이미 그래프에서 확인했듯 그 행복은 오래가지 못할 것이다. 게다가 1억이라는 돈이 분명 적지는 않지만 우리가 생각하는 경제적 자유와는 거 리가 멀다. 현재 추세라면 사람들은 억대 연봉을 받더라도 '경 제적 자유'를 계속해서 원할 가능성이 크다.

더불어 시간이 갈수록 사람들은 '집'에 관해 거주 공간보다는 '자산'으로서의 의미에 더 큰 비중을 두는 듯하다. 심지어 집을 보유하고 있고 2019~2021년 부동산 급등기에 집값이 올랐음에도 불구하고, 다른 사람들만큼 아파트 가격이 더 오르지 않았음에 실망하고 박탈감을 느꼈다는 사람들의 소식도 심심찮게 들을 수 있었다. 모두가 선망한다는 서울 아파트를 보유한 사람들조차 이럴진대 부동산과 주식 투자에서 이익을 내지 못한 사람들의 마음은 어떠할까. 단순히 소득이 늘어난다고 해서, 좋은 입지의 아파트를 살 수 있게 된다고 해서 그들이 만족할 수 있을까?

OECD의 최근 국가별 지니계수(빈부 격차 및 소득 불균형 정도를 나타내는 수치, 높을수록 불평등)를 살펴보면, 한국은 조사 대상 41개국 중 28위로 소득 불평등도가 높은 편이지만 우리나라보다 지니계수가 높은 나라들도 13개국이나 된다.[8] 그런데 〈2022 세계 행복보고서〉에는 그 13개국 중 대부분의 행복지수가 우리나라보다 높으며, 여기에는 불평등도가 높기로 유명한 미국과 영국 역시 포함된다*는 사실을 곱씹어볼 필요가 있다. 아무래도 경제적 자유를 향한 우리의 욕망을 '행복'으로만 풀기에는 한계가 있는 듯 보인다.

---

*   라트비아, 영국, 리투아니아, 미국, 멕시코, 칠레, 코스타리카, 일본, 루마니아 (13개국 중 9개국)

숫자가 전부인 사회

돈 빼면 믿을 게 없어

경제적 자유를 추구하는 직접적이고 표면적인 원인은 앞서 살펴본 대로 인간다운 삶을 위한 최소한의 조건을 충족하기조차 매우 어렵다는 데서 찾을 수 있다. 당장 2022년 중·하반기 이후 가계의 가장 큰 문제는 금리 상승으로 인한 은행 대출이자 부담의 증가와 인플레이션이었다. 소득의 상당 부분을 은행에 가져다 바친 후 공과금과 통신비 등 숨만 쉬어도 빠져나가는 비용을 제외하고 나면, 소비 수준을 평소보다 줄이더라도 올라버린 물가를 감안했을 때 남는 게 많지 않다. 두 사람이 영화 하나 보고 저녁 식사를 하면 10만 원은 금방이다. 자산 증대는 고사하고 월급이 오르기를 기대하기조차 어려우니 결혼은 언제 하고 아이는 어떻게 낳을까?

주거 불안 역시 중요한 이유다. 자기 집이 있다는 사실만으로도 마음이 많이 편안하고 삶이 안정되는 면이 있다. 꼭 서울 역세권이 아니더라도 자가 아파트가 있다면? 무리해서 '영끌'을 하고 이자로만 몇백씩 부담해야 하는 상황을 제외한다면, 매달 월세나 전세대출 이자를 꼬박꼬박 지출하며 다음 이사를 고민해야만 하는 사람들보다 삶의 질이 높아질 것이다. 주거에 쓰지 않는 비용과 에너지를 다른 곳에 더 많이 효율적으로 활용할 수 있기 때문이다. 일과 커리어에 더 집중하거나 가족, 여가, 취미 등 삶에 온기를 불어넣어 주는 여러 요소에 시간을 더 사용하는 것도 가능하다.

하지만 우리 사회가 맹목적인 경제적 자유에 집착하는 이유를 개인이나 개별 가계의 경제적 조건만으로 돌릴 수는 없다. 그러기에는 이렇게까지 많은 사람이 '돈'이라는 유일한 가치에 쏠리는 현상을 설명하기 힘들다.

요즘은 부동산을 입에 올리는 사람들이 많이 줄었는데, 그렇다면 부동산은 이제 완전히 끝났을까? 아파트에 대한 관심이 사라진 것일까? 아니다. 모두가 다시 기회가 오기만을 기다리고 있다. 집값이 언제까지 떨어질지, 앞으로 금리가 어떻게 변할지는 아무도 모르지만 상황이 달라지는 순간 다들 달려들 것이다. 주거 안정? 당연히 그러한 목적도 있겠으나 그것이 전부라고 생각하는 사람은 없으리라. 단순한 '내 집 마련'을 넘어 자산 축적을 향한 욕망은 전 사회에 퍼져 있다. 그때그때 수단과 방법이 달라질 뿐, 돈을 향한 욕망은 거의 모든 행위의 기본 동기가 되어버렸다.

돈은 중요하다. 자본주의 사회에서 돈이 가장 중요한 것은 어쩌면 당연하다. 돈이 많으면 일단 편하고, 어느 정도 마음에 안정이 찾아오며, 선택지 개수가 늘어난다. '부'에 대해 공격적 태도를 취할 특별한 이유는 없다고 본다. 그러나 돈이 가장 중요하다는 것과 돈'만' 중요하다는 것은 엄연히 다르다. 돈이 있으면 더 '편할' 수는 있지만, 돈이 없다고 해서 '불편'해질 필요는 없다.

그런데 한국에서는 돈이 없으면 불편해지기 쉽다. 돈을 가지고 있다면 웬만한 선진국보다도 나은 최고의 서비스를 24시간 내내 만끽하며 많은 것을 매우 빠르게 얻을 수 있으나, 그렇지 않은 사람들은 이러한 인프라를 충분히 누릴 수 없다. 그리고 다른 사람들이 돈을 펑펑 써가며 즐길 거 다 즐기고 사는 모습을 바라보아야만 한다. 사람이라면 누구나 나 자신과 타인을 비교하게 마련이지만, 유독 남의 시선과 평판에 민감한 한국인은 자신의 삶에서 느끼는 여러 불편함에 더해 상대적 박탈감까지 달래며 살아가야 하는 이중고를 겪는다. 어쩌면 이 후자의 문제가 더 크다. 몸만 불편해지는 것이 아니라 마음이 더 불편해지는 것이다.

자본주의 체제하에서 돈이 잘 벌리지 않는 분야는 존재할 수밖에 없다. 그런 일을 하는 사람들이 돈을 더 많이 벌 수 있게 하는 것은 쉽지 않다. 사회적 성공에 유리하지 않은 선택에 대한 책임은 기본적으로 본인에게 있다. 개인의 책임을 완전히 면제할 수는 없으며, 노력했다는 이유만으로 같은 결과를 보장할 수도 없다. 일부에서 주장하는 결과의 평등은 현실적으로 불가능하다.

다만 노력의 차이와는 비교할 수 없이 훨씬 크게 발생하는 결과의 차이가 과연 합당하며 공정한지에 대해 생각해 볼 여지는 있다. 그러나 우리 사회에는 차별을 당연시하고 불평등한 상태를 공정하게 여기는 승자들의 논리, 정글의 법칙을 내면에 새긴 사람들로 가득하다.

본업을 두고 부업을 하는 것이 언제부터 당연한 일이었을까? 'N잡러'가 능력의 상징이자 자랑거리로 받아들여지기도 하지만, 실상 이는 고용의 질이 떨어졌고 안정적인 일자리가 줄어들었다는 증거다. 취미 이상의 부업을 모색하는 이유는 대부분의 경우 본업만으로는 먹고살기 힘들거나, 먹고살 만하더라도 향후 더 나은 삶을 기대하기 어렵기 때문이다. 자신의 일에서 성공을 도모하는 대신 모두가 '부캐'를 탐색해야 하고, 동시에 부동산과 주식에 관심을 가져야만 하는 것이 정상은 아닐 테다. 현 세태는 돈이면 다 된다, 다른 거 다 필요 없고 돈 많으면 장땡이다, 이런 분위기라 씁쓸한 뒷맛이 남는다. 지난 3년여 시간 동안 한국 사회가 병치레한 것은 코로나19만이 아니었던 셈이다.

　이러한 사람들의 심리 기저에는 신뢰의 부재가 있다. 돈 이외에는 믿을 수 있는 것이 없는 세상이다. 애초에 국가가 버팀목이 되어주지 못했던 사회에서 생계를 유지하기 위한 도움을 주는 한편 자신의 존재 가치를 발견할 수 있게 해주는 주변 집단의 역할은 절대적이었다. 그러나 사람들을 이어주며 삶의 지지대 역할을 하던 공동체의 흔적은 이제 찾아보기 어렵다. 나의 생존 따위 누구도 신경 쓰지 않는 공간에는 의지할 곳 없는 개인들이 파편화되어 점처럼 존재하고, 전반적인 신뢰 수준이 떨어진 자리에서 각자의 불안은 점점 심화된다. 아무도 믿을 수 없고, 누구도 나와 우리 가족을 책임져주지 않는다.

　엄밀히 꼭 돈에 국한된다고는 할 수 없다. 다만 돈으로 환산 가능한 자산, 혹은 미래에 돈을 벌어들일 만한 유무형의 자산이어야 한다. 자신의 직업이나 소속, 학벌, 부모님의 직업과 재산, 살고 있는 아파트의 평수와 입지 및 브랜드, 몰고 다니는 차종 등 한국은 돈으로 환산 가능한 자산의 가치를 나타내는 '숫자'가 전부인 사회가 되었다. 심지어 중노년층 사이에서 서열을 가리는 가장 중요한 부분이 자녀의 대학 간판이라고 하니, 은퇴하고 나서도 평생 이러한 비교에서 자유로워지기란 매우 어렵다. 사회적 신뢰가 사라지고 숫자로 표현되는 물질적·외형적 가치만 남은 현실에서는 오직 경제적 자유만이 나와 내 가족을 살리는 확실한 수단이 된다.

자신의 일을 지속하더라도 충분히 인간다운 삶을 살고, 그러한 삶에 만족하는 사회가 정상적이고 건강하다고 할 수 있다. 남들보다 돈을 덜 벌어서 조금 덜 누리는 것은 개인의 선택으로 두되, 그럼에도 '괜찮은' 삶을 살 수 있어야 한다. 그러나 한국에서는 그러한 삶이 가능하지 않다. 돈 없으면 불편하고 힘든 사회, 자살률이 높은 사회, 불평등한 사회라는 것을 각종 통계가 입증한다.

이러한 인식의 바탕에는 결국 대안적인 가치의 부재가 자리 잡고 있다. 돈이 가장 중요할지언정 다른 가치들 역시 존중받아야 마땅하지만, 지금은 모두가 너 나 할 것 없이 돈을 벌기 위해 혈안이 되어 있다. 더 심각한 문제는 그래야만 기본적으로 어느 정도 먹고 사는 '생존'이 가능하다는 것이다. 이런 사회를 건강하다고 할 수는 없다.

오직 돈만 믿을 수 있고, 자산의 축적만이 나와 내 가족을 책임질 수 있으며, '부'가 다른 모든 가치를 압도하는 사회 분위기에서 경제적 자유는 모두가 선망하고 동경하는 삶의 최종 목적지로 널리 받아들여진다. 경제적 자유는 어디까지나 목적이 아니라 수단이어야 하지만, 이러한 목소리는 공허하다. 그래서 뭐 어쩌란 말인가. 국가는 개인에게 큰 관심을 두지 않고 공동체는 자취를 감춘 각자도생 사회에서 대안 없이 방치된 사람들에게는 닥치고 돈을 많이 버는 것이 최고다. "경제적 자유가 꿈이나 목표면 안 되냐"라는 힐난이 다수의 공감을 받는 상황이니, 사람들의 욕망은 가히 '시대정신'이라고 불러도 될 정도다. 이 거대한 흐름에 조금이라도 균열을 낼 수 있을까?

만족하는 방법을 모르는 사람들

한국 사회가 물질적·외형적 가치를 중시하는 양상은 어제오늘만의 일은 아니며 비단 돈이나 자산에 국한되지도 않는다. 평소에는 우리 스스로도 쉽게 인식하지 못할 정도로 삶의 구석구석에 스며들어 있다.

한국 사회에서 직책이나 직위는 곧 그 사람의 정체성이다. 호칭을 어떻게 부르냐에 따라 인간관계가 형성되고, 처음 만난 사람들은 명함을 주고받으며 서로의 위계를 확인한 후에야 대화를 시작한다. 예전에 비하면 조금 덜하다고 할지도 모르지만,

나이를 확인하고 나서야 존댓말과 반말의 경계가 갈리는 것은 요즘 젊은 세대라고 해서 다를 바 없다. 실상 서로 불편하고 불필요한 위계를 만들지 않으려고 나이를 물어보지 않는 문화가 정착해 가는 것일 뿐, 연령에 따른 서열이 사라졌기 때문은 아니다. 키, 외모, 몸매 등 전반적인 외적 품평도 여전하다.

이렇게 나이와 직급, 외모 등을 포괄하는 넓은 의미의 사회적 지위에 지나치게 민감한 현상은 내가 너보다 더 낫다는 '우위'를 확인하고픈 마음과 타인의 시선을 의식하는 기질이 결합한 결과이다. 이는 곧 외적 조건만이 가치를 지니는 곳에서 사람들이 살아가는 방식이기도 하다.

사람이라면 누구나 자신의 존재감을 확인하고 드러내기를 원한다. 어떤 면에서 인간은 인정욕구로 살아간다고 해도 과언이 아니다. 한국인에게도 이 인정욕구는 대단히 중요해서 모두 남들과 다른 나만의 무엇을 추구한다. 그러나 우리의 경우 이 욕구가 외적 가치에만 집중되는 경향이 강하다. 사람들은 모두 자신만의 고유한 가치를 지니고 있음에도 이에 만족하며 살아가지 못한다. 누구도 내적 가치에 관심을 갖거나 주목하지 않을뿐더러, 어릴 적부터 그것을 키우고 존중하는 삶에 대해 아무도 가르쳐주지 않기 때문이다.

우리는 각자의 다름을 있는 그대로 인정하고 받아들이는 데 서툴다. 여전히 '다르다'와 '틀리다'를 제대로 구분하지 않고 사용하는 사람이 많다는 것만 봐도 알 수 있다. 분명히 독창적인 내면이 실재함에도 물질적이고 외형적인 가치 외에는 자신의 삶에서 그 어떤 의미도 쉽게 발견하지 못한다면 계좌에 얼마가 있는가, 자산은 얼마나 되는가, 어디에 혹은 어느 아파트에 사는가, 어떤 차를 모는가, 어느 학교를 나왔는가 등 겉으로 보이는 모습에 집착할 수밖에 없는 것이 지극히 당연하다.

그 끝에서 우리가 마주하게 되는 것은 점점 심화하는 결과 중심 사회다. 과정은 어찌 되었든 결과만 좋으면 되는 사회, 결국 성공하기만 하면 그만인 그런 사회 말이다. 많은 사람이 과정이 중요하다고 이야기하고 그럴 때마다 우리는 고개를 주억거리며 그 말이 맞다고 되뇌지만, 실제로 누가 얼마나 중하게 여길까?

이제는 너무 많이 터져서 문제의 심각성이 피부로 와닿지 않을 지경인 논문 표절과 곡 표절, 대학 입시를 위한 각종 대필과 검증되지 않은 활동 자료, 분야를 가리지 않는 부정부패와 비리 등 각계각층에서 같은 문제가 반복되지만 진정성 있는 자정 노력은 보이지 않는다. 돈만 잘 벌고 이름만 날리면 장땡이며 입신양명이 모든 가치에 우선하는 성과 중심 사회에서 과정의 아름다움을 논하다 결과를 못 챙기면 그저 호구가 될 뿐이다. 그리고 결과만 좋으면 누구도 토를 달지 않는다.

자격과 능력이 부족한 사람들이 자리를 꿰차는 일을 방지하기 위한 기준 강화와 적정 수준의 점검은 매우 중요하지만, 왜 검증 절차가 점점 복잡해지고 엄격해지는가에 대해서는 한 번쯤 곱씹어 봐야 한다. 제출해야 하는 서류 가짓수가 늘어나고 입증해야 하는 사항이 많아지는 등 각종 선발과 채용 과정이 강화된다는 것은 그만큼 사람을 믿지 못한다는 방증이다. 절차적·제도적 보완에만 그치지 말고 왜 다들 과정이야 어찌 되있든 증빙만 갖추면 된다고 생각하는지, 어쩌다 모두가 온갖 수단을 활용해 잘되기만 하면 그만이라고 여기게 되었는지에 대한 성찰이 필요하다.

이런 사회에서 사람들은 자기 자신의 가치를 발견하고 증명하기 위해 남들처럼, 그리고 남들보다 바쁘게 사는 삶을 선택한다. 한국 사회가 세계 그 어느 나라보다 바쁘고 빠른 것도 이러한 맥락에서 이해해 볼 수 있다. 물론 장점도 있다. 다른 어떤 곳에서도 접할 수 없는 신속하고 정확한 서비스들이 그 예다. 등본과 같은 기본적인 행정 서류 발급은 물론, 연말 소득 정산도 온라인으로 쉽게 이루어진다. 에어컨이나 인터넷을 설치하려고 해도 며칠이면 충분하다. 가끔 수요가 몰리기도 하지만 길게 잡아도 이 주를 넘는 경우는 거의 없다.** 웬만한 선진국에서

***

** 이는 근본적으로 노동자보다 소비자가 우위에 선 시장 구조 때문이다. 근로자(=서비스 공급자)의 권리보다 소비자(=서비스 수요자)의 편의가 훨씬 더 중요하게 받아들여지는 사회적 분위기(소비자는 왕)가 이러한 경향을 강화하는 데 큰 영향을 미친 것을 부

도 이 주면 굉장히 빠른 시간이다.

　무엇보다 이렇게 사람들이 열정적으로 바쁘게 살지 않았다면 한 세대만에 이뤄낸 급격한 경제성장은 불가능했을 테다. 광복과 한국전쟁 이후 웬만한 개발도상국보다도 못 살던 한국이 경공업과 중공업 육성을 거쳐 경제 선진국들의 모임이라는 OECD에 가입하기까지 반세기도 채 걸리지 않았다는 사실은 문자 그대로 기적이다. 그리고 이제 기술과 문화 강국이자 세계적으로 '힙한' 국가가 되었다.

　그러나 이제 장점보다 단점이 더 부각되는 듯 보인다. 요즘은 대형 붕괴 사고 소식이 거의 들리지 않지만, 예전에는 부실공사로 인한 각종 참사가 큰 사회적 문제였다. 시간을 아끼기 위해 빠르게 달리는 자동차들과 배차 시간을 맞추기 위해 급정거하거나 급출발하는 버스들로 인한 안전 문제도 늘 지적되어 왔다. 공공성과 효과성 대신 비용과 효율성에 더 초점을 맞추는 정부와 공공기관, 그리고 인문학과 자연과학처럼 성과가 나오기까지 오랜 시간이 걸리는 기초 학문 대신 당장 돈 되는 기술과 눈에 보이는 결과를 만들어낼 수 있는 분야에만 집중하는 대

정할 수 없다. 사실상 대부분의 갑질, 특히 서비스직 영역을 둘러싼 갑질의 문제는 이 구조에서 기인한다. 소비자가 다소 불편하더라도 노동이 존중된다면 돈 없다고 이렇게까지 힘들지는 않겠으나, 그 노동자들조차 자신이 소비자가 되면 받았던 대우만큼 갑질을 하게 되는 상황에서 서로에 대한 배려를 기대하기는 어렵다. 여기에서는 자세하게 다룰 내용이 아니기에 다른 기회에 더 이야기해 보도록 하겠다.

학의 모습은 전혀 새롭지 않다. 사회 전 분야에 만연한 이러한 인식이 돈이 벌리지 않는 분야에는 투자하지 않는 기업의 자세와 무엇이 다르겠는가.

개인의 일상 역시 마찬가지다. '일이 많다'는 것을 자신의 높은 가치와 동일시하고, '바쁘다'는 것을 멋지고 잘나간다는 뜻으로 받아들이며, 시간 낭비는 곧 죄악처럼 여긴다. 우리는 해야 할 일을 하느라 바쁜 게 아니라 '바쁘기 위해' 각종 일을 벌이는 것은 아닐까? 안 하면 왠지 안 될 것 같은 일, 남들 다 하니까 나도 해야 할 것 같은 일, 가만히 있으면 쓸모없는 사람이 되어버리는 듯한 마음에 뭐라도 해야 할 것 같아서 하는 일 등 우리가 시간을 보내는 일들이 사실은 대부분 이런 것들 아니었는가? 과연 무엇이 시간 낭비인가? '무언가 하고 있기는 하다'는 일시적인 위안 외에 아무 의미도 줄 수 없는 일에 시간을 쓰는 것이 진짜 시간 낭비 아닐까?

찢어지게 가난했던 20세기 중반으로 돌아가자는 뜻이 절대 아니다. 무언가 삐걱거리고 있다면 우리가 완전히 선로를 벗어나기 전에, 그래도 아직 시간과 기회가 있을 때 브레이크를 밟아 속도를 늦추자는 것이다. 그리고 점검하고 정비하고 균형을 맞춘 후 다시 출발하면 된다. 그동안은 경제성장이라는 명분이 이러한 단점들을 압살했다. 경제성장이 우리에게 가져다준 과실이 분명히 실재하는 만큼 이러한 삶의 양식이 갖는 긍정적인 면모를 인정하되 이제는 우리가 의식하지 못했던, 그리고 외면했던 부분들을 둘러봐야 한다.

현재 사회 분위기에서 사람들은 행복할 수 없으며 만족을 모르고 산다. 그리고 남들과 끊임없이 비교하고 질시하며 상대적 박탈감에 시달린다. 모두가 하루하루 치열하게 살아가지만 열심히 하면 잘살게 되리라는 기대 혹은 확신에서 우러나는 행동은 아니다. 그보다는 다른 이들과 견주어 앞서 달리고 있는지, 잠시 한눈파는 사이에 뒤처진 것은 아닌지 하는 불안과 두려움이 우리를 매일 아침 일으켜 버스 정류장과 지하철역으로 떠민다.

앞서 언급한 소득 수준과 행복을 다룬 연구에서 카너먼과 디턴은 "어느 정도 안정적인 소득을 얻게 되면 그 후로는 돈 이외의 요소에 영향을 받을 확률이 높아진다"라고 밝혔다. 우리나라가 유독 '경제적 자유'의 바다에 빠진 본질적인 이유를 여기에서부터 찾아볼 수 있지 않을까? 경제적 자유를 돈과 부동산 관점에서만 바라보면 안 된다. 경제적 자유를 향한 맹목적 욕망이 분출하는 데는 기본적인 삶의 욕구를 충족하고자 하는 마음역시 크겠지만, '다른' 가치가 없다는 것이 더 근본적인 영향을 미친다고 본다. 돈으로 환산 가능한 숫자 이외에는 행복이나 만족을 찾기 어려운 사회이기 때문이다.

사람이라면 누구나 삶에 만족하고 싶어 하는, 지극히 기본적인 욕구를 지니고 있는데 우리가 상대적으로 덜 주목하는 부분은 '한국인은 삶에 만족하는 데 굉장한 어려움을 느낀다' 혹은 '근본적으로 만족하는 방법을 잘 모른다'는 점이다. 돈 이외 조건에서는 삶에서 의미를 발견할 수 있는 것들이 거의 없으니 어쩌면 당연한 일이다.

우리에게 만족이란 단순히 돈을 더 빌고 좋은 아파트를 사는 게 아니라 남들보다 더 나은 상태를 갖는 것이다. '더 나은 상태'는 굉장히 주관적인 개념이지만, 다양한 가치를 지닌 개인을 존중하는 문화에 익숙하지 않은 우리는 단지 겉으로 드러나는 수치를 비교하며 내가 남보다 더 낫다는 점을 끊임없이 점검한다. 꼭 돈이 아니더라도 여러 가지로 확인할 수 있겠으나, 가장 대표적인 것이 돈이며 사람들이 비교 대상으로 삼는 거의 모든 대상을 돈으로 살 수 있기에 결국은 돈으로 수렴한다.

결국 우리나라 사람들은 원한다면 24시간 무엇이든 살 수 있지만 정작 행복도, 만족도 살 수 없다. 일차적으로 소득이 낮기에, 나아가 소득이 늘어나더라도 삶에 만족하기 어렵기에. "강남에 있는 아파트를 보유한다면 삶에 만족할 수 있을까?"라고 물었을 때 순간의 성취감이나 행복감을 넘어 "그렇다"라고 자신 있게 답하기는 쉽지 않다.

'벼락거지'라는 신조어는 이 모든 것을 함축한다. 부동산과 주식 등 자산 가격의 급격한 상승으로 인해 상대적으로 빈곤해진 사람들을 가리키는 이 단어의 본질은 나 빼고 다 번다는 비교와 억울함, 나만 뒤처진 듯한 박탈감과 소외감이다. 그저 한 사람의 소득이나 자산 가치 하락의 문제가 아니다. 특별한 손해가 발생하지 않았음에도 상대적 박탈감에 시달리고 경제적 자유를 갈망하는 근본적인 이유는 단순히 돈을 더 버는 데 있지 않으며, 삶에서 어떤 결과를 얻지 못했다는 결핍에서 찾아야 한다. 그것은 내가 남들보다 낫다, 잘나간다, 더 잘살고 있다는 점을 확인하고 싶다는 욕망과 다름이 없다.

남들을 따라잡기 위해, 그리고 뒤처지지 않기 위해 '영끌'을 해 부동산을 사고, 부동산이 어려우면 주식과 코인을 하고, 그마저도 힘에 부치면 또 다른 수단을 찾으며 어떻게든 돈을 모으려 한다. 그러다 자칫 투자에 실패해 목숨을 끊기도 한다. 이 모든 것이 결국은 행복하고 만족스러운 삶에 이르고자 하는 노력임을 떠올려본다면 돈 이외에는 의미와 가치를 발견할 줄 모르는 사회에서 일어나는 비극이라고밖에 할 수 없다.

우리의 욕망 자체를 부정하거나 그것이 잘못되었다는 뜻이 아니다. 욕망을 마냥 억누르기란 가능하지 않으며 바람직하다고 할 수도 없다. 다만 우리가 지닌 사회경제적 욕구를 인정하고 받아들이는 동시에 각자의 욕망이 지금보다 균형을 잡아갈 수 있도록 해야 한다. 어떻게 하면 욕망을 건강하게 추구하면서 함께 살아갈 수 있을까?

극한 경쟁과 부족한 사회 안전망 속에서 사람들은 점점 각박해지고 피폐해지며 외로워진다. 믿음이 사라진 자리를 차지한 숫자를 제외하면 남는 것이 없는 사회의 지속 가능 여부에 대해 심각하게 고민해 봐야 한다. 그러한 사회를 이루고 살아가는 구성원이 바로 '우리 자신'이기 때문이다.

Chapter

2

숫자 이면에 숨겨진
생존 투쟁

신뢰가 사라진 공간을 숫자로 나타나는 가치가 지배하고, 남보다 더 나은 상태를 갖는 데서 만족하는 것을 한국 사회의 두 가지 중요한 특성으로 살펴보았다. 이 둘을 합치면 눈에 보이는 외적 가치를 다른 이들보다 더 많이 손에 넣는 것이 무엇보다 중요하고, 그럴 때 비로소 만족이 가능한 사회라고 할 수 있다.

이러한 만족은 삶을 진정으로 채워주지 않으며 지속 가능하지도 않다는 사실을 이 글을 읽는 독자분들 역시 알고 있을 테다. 하지만 공허한 마음이란 겉으로 보이는 만족감을 얻고 난 이후에 찾아온다. '인생은 결국 각자도생'이라는 "만인의 만인에 대한 투쟁"을 매일같이 반복하는 우리에게 아직 일어나지 않은 일이다. 그렇다면 무엇이 중요한가? 어차피 모두가 부러워 마지않는 부를 갖는 것이 쉽지 않다면, 삶의 의미는 일단 그것을 손에 넣고 나서 생각해 봐도 되지 않겠나. 의미는 밥을 먹여주지도, 단잠을 재워주지도 못한다. 사람들은 자신의 삶에 대한 성찰 대신 경제적 자유, 즉 돈으로 대표되는 물질적이고 외형적인 가치를 맹목적으로 추종한다.

이러한 사회에서 사람들은 어떻게 살아왔고 살아가고 있을까? 예전에는 학벌과 직업을 비롯한 명예 혹은 지위가 더 중요했지만 이제는 돈이나 돈으로 환산 가능한 가치가 나타내는 숫자로 그 초점이 옮겨지고 있다. 나아가 시간이 흐를수록 자산 소유 정도, 즉 '재력'이 신분과 계급을 가르고 사회적 지위를 결정짓는 첫 번째 수단이 되어가고 있다. 사람들은 돈과 자산(아파트)을 바탕으로 나와 타인을 나누고 내가 그들보다 우월하다는 점을 확인하며 인정욕구를 채우는 한편, 최소한 그들만큼은 산다는 사실을 사회로부터(남들의 시선으로부터) 공인받은 후에야 마침내 안도의 숨을 내쉰다.

우리는 당연히 잘 살고 싶어 하지만, 의식하든 그렇지 않든 그러한 욕망 앞에는 '남들보다'라는 하나의 어절이 숨어 있다. 이미 알고 있듯 한국인 대부분의 말과 행동은 남들의 시선을 염두에 둔다. 비교에 민감한 정도를 넘어 그것이 삶전체를 지배하는 기준이라고 해도 과언이 아니다. 다른 사람들과 견주지 않는 사소한 무엇 하나라도 찾기 어려울 만큼 우리에게 '비교'는 일상이며, 이는 삶의 행복도와 만족도를 전적으로 좌우한다.

그런데 가족과 친구, 지인 등 내 주변을 넘어 사회 전체 불특정 다수를 대상으로 일어나는 비교에는 반드시 구성원 다수가 인식하고 합의하는 기준점(그 실체가 검증되지 않았더라도)이 필요하다. 우리는 구체적으로 어떤 상황에서 만족할까? 한국인의 사회경제적 욕망을 충족하는 상대적 기준이란 것이 존재한다면, 그것은 무엇일까? 그리고 어떻게 정해질까?

뒤처지는 것만큼은 참을 수 없어

한국인의 유별난 중간 사랑

"알지? 너무 잘하려고 하지 마, 우리는 중간만 하는 거다?", "아니, 가만히 있으면 중간은 간다니까?", "야, 아무리 그래도 중간은 해야지 이게 뭐야."

한국인의 중간 사랑은 유난하다. 군대부터 공공 기관과 민간 기업을 막론하고 "중간만 가면 된다", "중간만 가자"라는 신조가 무던한 조직 생활을 위한 지침으로 널리 퍼져 있다. 이뿐만인가. 키와 외모는 물론 학교 성적, 연봉, 평판에 이르기까지 거의 모든 삶의 영역을 통틀어 "평균만 넘으면 된다", "나 정도면 그래도 평균 이상이지"와 같은 인식과 쉽게 마주친다. 어떤 면에서는 중간 혹은 평균(이상)에 대한 집착으로 보이기도 한다.* 못하면 못하는 대로 대접을 제대로 받을 수 없으니 중간도 못 가거나 평균 미달보다야 낫다고는 해도, 왜 하필 중간인 것일까?

쉽게 생각할 수 있는 이유는 중간이 안전하다는 것이다. 대표적으로 조직에서 일을 잘해봤자 고생이라는 생각을 꼽을 수 있다. 일을 효율적으로 빠르게 마친다고 해서 일찍 퇴근하거나 남은 근무시간을 조금 여유 있게 보낼 수는 없다. 그렇다고 돈을 더 주는가 하면 그런 것도 아니다. 오히려 일을 더 주는 경우가 다반사다. 더 신속하고 훌륭한 성과에 충분한 보상이 주어지지 않는 환경에서는 괜히 먼저 손들고 나서면 손해다. 그래서 대다수 한국 직장인에게는 일을 너무 잘하거나 빨리 처리하는 대신 '적당히 천천히' 하는 태도가 몸에 배어 있다.

요즘에는 예전과 분위기가 많이 달라지기는 했다지만 여전히 야근을 당연시하는 조직이 많은데, 어차피 주어진 일을 빨리 끝내봤자 칼퇴근은 꿈도 못 꾸고 야근을 해야 한다면 남들보다 먼저 끝낼 동기가 전혀 없지 않나. 이런 점이 우리나라가 항

* 중간과 평균은 엄연히 다른 개념이나, 사회적 인정을 위해 충족해야 하는 '가운데 어딘가 위치한 적정선'이라는 의미에서 엄격한 구별을 하지 않고 사용한다.

상 장시간 근무에 시달리면서도 노동 효율성은 떨어지는 것으로 나오는 근본적 원인이기도 하다.

이런 경향이 최근의 일인가 하면, 전혀 그렇지 않다. 품앗이라는 전통을 지닌 우리네 농촌에서도 예부터 마을 주민들이 모여 모내기를 할 때 해당 논의 주인이 잠깐 자리를 비우기라도 하면 모두가 약속이라도 한 듯 일을 멈춘다고 하지 않던가.

그러나 만약 일을 빠르게 해내는 데 대한 보상이 주어진다면 이야기는 달라진다. 공사 현장에는 야리끼리라는 은어가 있는데 이는 '근무시간에 관계없이 주어진 분량의 일을 마치면 집에 가도 좋다'는 의미다. 이 '야리끼리'가 주어지면 인부들의 일 집중도는 높아지고, 심지어 종일 걸릴 일을 오전 중에 다 마치기도 한다. 그리고 일을 끝내기 무섭게 공짜 점심도 마다하고 집으로 가버린다. 한국의 노동 효율성 통계 수치가 낮은 이유를 단순히 노동자들이 게으르거나 비효율적으로 업무를 수행해서, 다시 말해 그들 대부분이 '일을 못해서'라고 치부할 수는 없다는 뜻이다.

적당히 중간에서 묻어가는 것이 합리적인 선택으로 인식되는 환경에서 "어디든 머무르는 곳마다 주인이 되면, 서 있는 그곳이 곧 참되리라"라는 뜻인 수처작주 입처개진(隨處作主 立處皆眞)이라는 말은 '개소리'에 가깝다. 물론 성공하려면 어디에서든 큰일 작은 일 가리지 않고 열심히 내 일처럼 해야 한다는 주장도 존재한다. 사회적 성공을 위해서라면 이러한 태도를 견지하는 편이 옳다고 생각한다. 항상 그렇다고 할 수는 없으나, 단기간의 손해를 감수하고서라도 열심히 해야 더 많은 기회와 가능성을 가져갈 확률이 높아지기 때문이다.

그러나 인간은 손해에 민감한 존재다. 얻을 것보다 잃을 것의 가치를 크게 평가해 이익을 취하는 대신 위험을 피하려 하는 '손실 회피 성향'에 관한 연구도 널리 알려져 있다.[1] 그러니 보장되지 않는 승진과 연봉 상승을 기대하고 먼저 헌신하기란 결코 쉽지 않다. 더불어 한국 사회 전반의 분위기가 그런 데에는 열정을 쏟아붓고 일했을 때 보상은커녕 노예처럼 더 가혹하게 부려먹는 사람이 훨씬 많았고, 여전히 많기 때문일 것이다.

하지만 이것만으로는 한국인의 유별난 '중간 사랑'을 이해하기 충분하지 않다. 우리에게는 단순히 '손실을 피하기 위해' 혹은 '불필요한 손해를 보지 않기 위해'라고만 하기에는 설명하기 어려운 사회적 압박이 있다. '중간은 해야 한다', '최소한 평균은 넘어야 한다'는 강박 말이다.

벌써 꽤 오래전 일이다. 한국과 프랑스의 중산층 기준을 비교하는 글과 사진이 인터넷에 돌며 화제를 모았다. 표에서 보듯 한국의 경우 프랑스와 달리 모든 항목에 숫자, 즉 경제적 조건이 포함되어 있다. 삶을 어떻게 살아갈지에 관한 고민 대신 돈으로 환산 가능한 자산이 한국인의 전부라는 뜻이다.

한국	프랑스
1. 부채 없는 아파트 30평 이상 소유 2. 월 급여 500만 원 이상 3. 2000cc급 중형차 이상 소유 4. 통장 잔고 1억 원 이상 보유 5. 해외여행 1년에 1회 이상 다니는 정도	1. 한 개 이상 자유롭게 구사하는 외국어를 할 줄 아는 것 2. 직접 즐길 수 있는 스포츠 하나가 있을 것 3. 다룰 줄 아는 악기 한 가지가 있을 것 4. 남들과 다른 맛을 낼 수 있는 요리 하나가 있을 것 5. 공분(共憤)에 의연히 참여할 것 6. 약자를 도우며 봉사를 꾸준히 할 것

한국과 프랑스의 중산층 기준

다만 엄밀히 둘을 동일 선상에 두고 비교하기에는 다소 무리가 있다. 프랑스 중산층의 기준은 조르주 퐁피두 전 프랑스 대통령이 제시했는데, 만약 현재 프랑스 일반 시민에게 같은 질문을 한다면 그들 역시 경제적인 요소를 고려할 가능성이 크다.

그러나 이 게시물이 우리에게 큰 반향을 일으킨 것은 삶의 태도와 가치관이 아닌 경제적 수준이나 자산 가치만 중시하는 한국 사회의 인식을 적나라하게 드러냈기 때문일 테다. 한국 사회가 물질적·외형적 가치 외에는 의미를 부여하지 못하는 결과 중심 사회라는 사실을 우리 모두 이미 충분히 인지하고 있는 것이다.

시간이 지나며 중산층의 기준은 더욱 빡빡해졌다. NH투자증권 100세시대연구소의 〈2022 중산층보고서〉에 따르면 설문에 응한 사람들은 4인 가구 기준 월 소득이 686만 원은 되어야 중산층이라고 여기는 것으로 조사되었다. 그리고 응답자들은 4인 가구 기준 중산층의 월 소비 규모는 427만 원, 순 자산은 9억 4000만 원 수준으로 생각했다. 이러한 월 소득은 한국 전체 가구 중 소득 상위 24퍼센트 수준이며, 월 소비 규모는 상위 9.4퍼센트, 순 자산은 상위 11퍼센트에 해당한다. 이 정도면 고소득을 올리고 있다고 봐도 무방하고, 특히 소비와 자산 규모 측면에서는 상류층이라고 해야 알맞다. 하지만 시민들은 이 정도를 '중산층'이라고 인식하고 있었다.

사람들이 받아들이는 체감 중산층과 실제 중산층의 경제 규모 간 괴리는 무시할 수 없는 수준이다. 중산층의 정의는 무엇인가? 간단히 말해 재산의 소유 정도가 딱 중간 정도 되는 계층이라는 뜻이다. OECD 분류법에 의하면 중위소득 75~200퍼센트까지의 소득을 가진 집단을 의미[2]하는데, 2022년 우리나라 4인 가구 중위소득인 월 512만 원[3]에 이 기준을 적용하면 중산층의 소득 범위는 월 385만~1020만 원으로 나온다. 월 소득 686만 원 미만 가구 중 상당수(385~685만 원)도 중산층에 포함된다는 뜻이니 설문 결과가 보여주는 시각과 상당한 차이가 있음을 알 수 있다.

중산층은 영어로는 'middle class'이며 중류층(혹은 중간 계층)으로 번역되기도 하는데, 실상 한국에서 middle class라는 어휘 자체가 받아들여지는 의미는 중간 계층에 가깝다. 반면 중산층은 중위 계급이 아니라 '큰 걱정 없이 먹고 싶은 것 먹고, 입고 싶은 것 입고, 사고 싶은 것 살 수 있는 정도의' 안정된 경제 수준을 누리는 계층을 가리킨다. 이는 많은 한국인이 원하는 '경제적 자유'의 모습이기도 하다. 그러나 앞선 소비와 자산 규모 수준을 고려하면 한국에서 이런 삶을 유지하는 사람들은 사실상 상류층이라 할 수 있다.

이러한 인식 차이를 반영하듯 상기 언급한 〈2022 중산층보고서〉에서는 '중산층의 정의에 따르면 중산층에 포함되는' 사람들의 절반 가까이(45.6퍼센트)가 자신을 중산층이 아닌 하위층이라고 생각했다. 사람들은 항시 남들과 비교하며 상대적 박탈감에 시달리고, 자신 역시 한국 사회의 '보편적 기준'에 부합하며 '남들 보기에 부끄럽지 않은' 중산층이 되기를 원한다.

한국인들의 중산층을 향한 선망 역시 중간과 평균에 대한 집착과 같은 맥락에서 이해해 볼 수 있다. 차라리 그냥 잘살고 싶다고 하면 더 자연스럽고 직관적일 텐데, 막상 또 그런 것도 아니기 때문이다. 우리에게 중요한 것은 단순히 잘사는 것일까, 아니면 남들보다 잘사는 것일까? 최소한 남들 보기에는 부끄럽지 않아야 하고, 남들 하는 만큼은 해야 하지 않은가. 결국 핵심은 남들만큼 하는 것과 남들만큼 사는 것이며, 나아가 '남들보다 조금은 더 잘산다면' 더할 나위가 없다.

이렇게 우리는 중간과 평균에 대한 강박을 뼛속 깊이 내재화하고 있다. 외적 가치에 기반한 사회경제적 욕망을 충족하는 기준으로 한국인이 인지하는 중간 혹은 평균이란 개념은 굉장히 중요하다. '중간은 가야 하고', '못해도 평균은 넘어야지'라는 강박에서 자유로운 사람들이 얼마나 될까. 실상 이러한 사회적 강박이 마음속 깊이 강고하게 자리 잡은 채 개개인의 말과 행동을 다스리는 핵심 기제라고도 할 수 있다.

남들과 같은 것도 싫지만 튀는 건 더 싫다

재미있는 것은 한국인들의 이중성이다. 중간과 평균을 다른 말로 하면 평범이라고도 할 수 있을 것이다. 그런데 한국인들은 평범을 선망하면서도 싫어한다. 조금 구체적으로 표현하자면 사회 기준에서 벗어나지 않는, 소위 '튀지 않는' 선에서 다른 사람들과의 차별화를 시도한다.

남들과 다른 점을 발견하고 개성을 추구하며 존재감을 인정받기를 원하는 것이 인간 본연의 욕구이자 보편적 욕망이라고 한다면, 아무 특색 없는 '다수 중 하나'로 남기보다 자신만의 무언가를 부각하고 싶어 하는 마음은 자연스럽다. 우리에게서 발견할 수 있는 독특한 점은 튀는 것을 싫어하고 지양하는 성향이다.

'남들과 같은 거 싫어하면서도 튀는 것 역시 싫어하는' 이 중성이 한국인만의 특징은 아닐지라도 거의 모든 한국인이 이러한 성향을 지니고 있다는 사실을 부인하기는 어렵다. 정도의 차이가 있을지언정 우리 대다수는 이러한 역설적인 특성을 지닌다. 조금 더 직접적으로 이야기하면 한국인이 가장 싫어하는 부류를 나대는 사람이라고도 할 수 있다. 하지만 이 '나댄다'의 폭은 상당히 넓어서 단순히 분위기 파악 못하고 설치는 사람만을 지칭하지는 않는다. '튀다'와 '나대다'는 각각의 뜻을 가진 다른 어휘이지만 좋은 쪽으로든 좋지 않은 쪽으로든 튀는 사람들은 주변인으로부터 나대는 인간으로 찍히기 쉬우며, 많은 경우 두 단어는 거의 동의어에 가깝게 쓰인다.

질문을 하면 나댄다고 여겨지는 것이 그 대표적 예다. 학창 시절부터 그렇지 않나. 질문이나 발표를 지나치게 많이 하면 눈총을 받는다. 그렇게 중고등학교를 거치며 훈련된 한국인은 질문을 잘 하지 않는다.

강의를 다녀보면 항상 마지막에 질의응답 시간이 주어지는데 언제 어디에서나 정적이 흐른다. 하지만 질문이 없어서는 아니다. 질문이 없냐고 몇 번을 반복해 묻고 아무 질문이나 괜찮다며 달래고 난 후에야 한두 명이 어렵사리 손을 들고, 그 이후에는 막혔던 둑이 터지듯 질문이 쏟아지기도 한다. 아예 강의가 끝난 이후에 따로 찾아오는 사람도 많다.

2010년 G20 정상회의 때 당시 미국 대통령 버락 오바마가 개최국인 한국 기자들에게 질문을 받겠다고 하자 아무도 손을 들지 않았던 해프닝을 기억하는 사람들이 있을 것이다. 언어 문제일까 싶은 마음이었는지 통역을 써도 무방하다고 덧붙였음에도 정적은 이어졌고, 결국 질문권은 중국 기자에게 넘어갔다. 취재원을 찾아 묻고 정보를 모으는 일이 기본 업무인 기자조차 이럴진대 대부분 사람은 어떻겠는가.

불특정 개인의 문제인가? 아니다. 나 역시도 강의를 듣는 입장이 되면 똑같은 심정이 되고 만다. 이런 질문을 해도 괜찮나, 이상하게 보이지 않나, 나대는 것처럼 보이지 않을까 싶은 마음이 든다. 유전적인 문제인가? 당연히 그렇지 않다. 초등학교 학급에 가보면 정말 감당하기 어려울 만큼 많은 '개입(단순히 질문만이 아니다)'을 다독여가며 수업을 진행해야 한다. 아이들의 변화는 어느 시기를 지나며 급작스럽게 진행되는데 대개 중학교 2학년 전후를 기점으로 갈라지는 듯 보인다. 중학교 3학년만 되어도 아이들이 매우 조용해지는 모습을 수차례 목도했다. 그러니까 개인의 차이는 있을지언정 중학생 정도 되면 벌써 주변의 보이지 않는 압박이 발생하고, 직접적으로 말하지 않더라도 누구나 그 분위기를 감지하며, 1~2년 정도 사이에 모두가 그러한 '눈치'를 체득한다는 뜻이다.

뛰는 것을 싫어하는 한국인의 성향은 자동차 색깔에서도 찾아볼 수 있다. 글로벌 도료 업체 액솔타Axalta가 발표한 '세계 자동차 색상 선호도' 조사에 따르면, 한국인이 가장 좋아하는 자동차 색상은 흰색으로 2018년 판매된 차량 셋 중 한 대꼴(32퍼센트)이었다. 그다음으로는 회색(21퍼센트), 검정(16퍼센트), 은색(11퍼센트) 순이었으며 네 가지 무채색 계열의 색상 비중을 합치면 80퍼센트에 이른다.

사실 어느 나라나 흰색 차량을 구매하는 소비자의 수가 가장 많고 무채색 계열 차량 선호 비중 역시 높은 편이지만, 중국

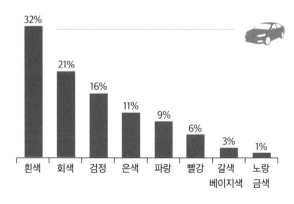

한국인이 가장 선호하는 자동차 색
(액솔타, 〈2018년 세계 자동차 색상 선호도〉)

이나 일본과 같은 동아시아 국가들은 우리나라와 비슷한 모습을 보이는 반면 유럽과 미국은 무채색 선호 비율이 유의미하게 적게 나타났다.

흰색을 포함한 무채색 차량에 대한 높은 선호도에는 호불호가 갈리지 않는다. 중고차로 팔기 유리하다, 밤에 잘 보이고 흠집이 눈에 띄지 않는다(흰색), 고급스럽고 권위를 상징한다(검정) 등 여러 이유가 있겠지만 딱 한마디로 정리해야 한다면 '무난하기 때문'이라고 할 수 있다. 한국인의 특성을 표현하는 데 '무난'보다 더 잘 들어맞는 단어를 찾기도 쉽지 않다. 직장도 무난, 외모도 무난, 티셔츠나 신발 색깔도 무난, 축의금조차 무난한 것이 최고다. 이 글을 쓰고 있는 나 또한 예외가 아니다. 맨투맨이나 목도리를 사면서 이번에는 조금 튀는 색상을 시도해볼까 하다가도 적당하게 여기저기 잘 어울리는 제품을 고르는 경우가 많다. 빨간색이나 노란색 차? 솔직히 말해 선뜻 구매할 자신이 없다.

그런데 과연 무엇이 튀는 행동이고 어디까지가 나대는 것인가? 여기에는 똑 부러지는 기준이 없다. 직장에서든 어떤 커뮤니티에서든 밝고 활동적이고 쾌활한 것과 나대는 것은 분명히 결이 다르다. 하지만 그 경계가 굉장히 모호해 어느 상황에서도 적용 가능한 '나대다'의 합의된 정의는 존재하지 않는다. 나댐을 싫어하는 것은 같아도 나대는 정도의 수용성은 사람마다 다르다. 여기에 한국 사회 생존 난이도를 높이는 조건을 더해볼까? 우리는 너무 조용한 것도 좋아하지 않는다. 내숭을 떤다든지, 무게 잡는다든지, 멋있는 척 한다든지 하면서 까기 바쁘다.

여기에서도 적당한 선을 찾고 '중간'으로 수렴하려는 한국인 특유의 기질을 발견할 수 있다. 정중앙을 기준(이란 게 있다면)으로 사회적으로 수용 가능한 선이 양쪽으로 뻗어 있고 일정한 범위를 벗어나는 순간 혹독한 비판이 가해진다. 매우 민감한 이 '적정선'을 잘 지키는가가 사회생활과 인간관계의 핵심이다.

그래서 우리는 전체 틀을 벗어나지 않는 선에서 어렵사리 개성을 추구해야만 하며, 그 결과 '눈치 보기' 전문가로서 각자 나름의 일가견을 가지게 된다. '20대 중반에 이런 거 하는 거 괜찮을까?', '서른 넘어서 새로운 시도를 하기엔 너무 늦지 않았을까?', '이 나이 먹고 이래도 괜찮을까?', '지금쯤은 이 정도 갖추고 살아야 하는 게 아닐까?', '결혼을 해야 하는 건 아닐까?' 하는 자기검열이 끝없이 이어진다.

삶의 주요 이정표를 하나하나 밟아나가는 것은 그 자체로 큰 의미가 있고 인생에서 특정 시기가 지나고 나면 다시 행하기 어려운 여러 가지가 존재하는 것도 사실이지만, 자신만의 견고한 삶의 기준에 따라 외부의 목소리에 흔들리지 않고 걸어가는 사람은 많지 않다. 누구나 장단기 목표를 가지고 있으나 그것이 진정 자신만의 목표인지, 혹은 다른 사람 눈치 보면서 설정한 것은 아닌지 명확하게 알고 있는 사람들 역시 매우 적다. 그리고 이러한 눈치 보기는 말할 것도 없이 다른 사람과의 '비교'를 기반으로 이루어진다.

남 눈치 보며 살아가는 삶이 현대사회를 살아가는 우리에게만 씌워진 굴레는 아니었던지, 선조들은 "모난 돌이 정 맞는다"라는 가르침을 남겼다. 이 속담은 "성격이 너그럽지 못하면 대인 관계가 원만할 수 없음"을 이른다. 우리가 주목해 볼 점이 있다면 이 속담의 두 번째 뜻인 "너무 뛰어난 사람은 남에게 미움을 받기 쉽다"라는 문장이다. 다시 말하면 '지나치게 튀지 말라'는 것이다. 그렇다면 앞서 제기한, 왜 우리가 단순히 잘사는 것을 추구하지 않는가에 관한 의문이 풀린다. 정 맞기 싫으면 남들 사는 만큼 맞춰 살아라, 그저 적당히 중간만 가라, 평균만 넘으면 된다, 남들보다 조금 더 갖추고 살면 족하다.

'모나다'를 사전적 정의보다 사회적으로 통용되는 의미로 풀어보자면, 사회 내부에서 대체로 합의된 생활양식과 조금이라도 다르게 말하고 행동하면 대인 관계가 원만할 수 없다고 해야 더 정확하지 않을까 싶다. 우리는 남과 달라서는 안 된다. 다른 것은 곧 틀린 것이기 때문이다. 그래서 한국인들이 중간과 평균(이상)에 집착하는 근본적인 이유는 결국 튀고 싶지 않아서, 남과 다르고 싶지 않아서다. 그랬다가는 공동체에서 배척당하기 십상인 까닭이다. 우리에게 가장 두려운 상황은 주변 사람이 나만 빼고 모이는 것이 아니던가. 괜히 나대다가는 쥐도 새도 모르게 나 혼자 배제당한다. 특히 예전의 농촌 마을 공동체에서 소외는 곧 생존과 직결되는 문제다.

앞서 우리는 한국인이 살아가는 데 중요한 기준이 남들만큼은 하는 것과 사는 것이라고 했다. 남들보다 조금은 너 잘사는 수준은 매우 바람직하지만 지나치게 튀는 것만큼은 조심해야 한다. 즉 너무 잘사는 것은 대부분 사람에게 무난한 선택지가 아니다(최근에는 조금씩 달라지는 경향이 나타날지언정). 어떻게든 '중간은 가야 하고, 못해도 평균은 넘어야 하는' 조건을 충족했다면, 그보다 얼마나 더 잘사는지는 이제 그다지 중요한 문제가 아니게 된다는 의미다. 그렇다면 무엇이 진정 중요할까?

남들만큼은 해야 한다는 필수 요건을 뒤집어 말하자면, 한국인에게 가장 치명적인 동시에 받아들이기 어려운 상황은 중간보다 못하는 것 또는 평균에 미달하는 것이다. 즉 대부분의 사람에게 뒤처지는 것이다. 우리가 살아가는 데 가장 결정적인 영향을 행사하는 기준은 '남들보다 뒤처지지는 않았는가'이며, 중산층은 그 대표적인 상징이다.

앞서 기자들이 전 미국 대통령 오바마에게 질문하지 못한 근원적 이유 역시 나대는 것처럼 보일까 하는 우려보다는 내가 바보처럼 무언가 부족해 보이지는 않을까 하는 두려움이 더 크지 않았을까. 질문하는 것은 곧 '잘 모르기 때문이라고' 인식되기 마련이니까. 질문하고 싶어도 주변 사람들이 '뭐 저런 질문을 하고 앉아 있나'라고 생각할까 봐 질문 못 해본 경험을 한국인이라면 누구나 가지고 있을 것이다. 이런 질문을 해도 괜찮나, 이상하게 보이지 않나, 혼자 머리를 굴리면서 정말 궁금한 질문이나 강연자에게 듣고 싶은 물음을 던지는 것이 아니라 청중들이 이상하다고 생각하지 않을 질문을 고르고 가다듬는다. 실상 질문하는 게 아니라 '남들 보기에 무난한 질문은 무엇인가'에 대한 답을 혼자서 찾는 것이다. 모르는 것을 적당히 아는 척하면서.

뒤처지지 않기 위한 고군분투

예부터 사상가들은 인간의 행복과 고통, 욕구와 욕망에 대해 사색하고 글을 쓰고 이야기했다. 독일의 철학자 쇼펜하우어는 인간이 많은 고통에 시달리는 이유를 외부요인이 아닌 자기 자신에게서 찾아야 한다고 하며 인간을 '욕망의 존재'라고 규정했다. 사람의 욕망은 끝이 없어서 기존의 욕구가 충족되는 순간의 기쁨과 행복은 길게 유지되지 않고, 곧 권태를 느끼며 새로운 욕망에 휩싸여 삶의 쳇바퀴를 끊임없이 돌린다. "인생은 고통과

권태 사이에서 오락가락하는 시계추와 같다"라는 쇼펜하우어의 정의는 이러한 인간의 모습을 함축적으로 담아낸다.

바꿔 말하면 욕망이 충족되지 않을 때 고통이 생겨난다. 한 사람의 행복과 고통은 욕망이 어디를 향하고 있는기에 달려 있고, 우리가 그토록 알고 싶어 하는 나 자신에 대해 안다는 것은 결국 나의 욕구와 욕망에 대해 아는 것이다. 사람들이 현재 행복하지 않고 자신의 모습에 만족하지 못하는 이유는 자신이 품고 있는 욕구와 욕망, 혹은 이에 기반한 자기 기대치 대비 현실이 초라해 보여서다.

왜 자신의 현실이 초라해 보이는 것일까? 사회구성원 다수가 공유하는 '그럴듯한 삶의 상(像)'을 자신의 현실에서 발견하지 못하고 있다는 것이 근본적인 원인이다. 내 삶이 남들에 미치지 못한다는 것, 즉 다른 사람보다 학벌이 달리고 직장이 꿀리고 소득 수준이 떨어진다는 현실 자각이 삶을 초라하게 만들고 자존감을 갉아먹는다. 그래서 한국인이 가진 욕구와 욕망의 핵심은 앞서 살펴보았듯 남들만큼은 하는 것, 더 본질적으로는 '뒤처지지 않는 것'에 가닿아 있다.

많은 사람이 평범한 삶을 원한다. 자신이 바라는 것은 결코 대단한 것이 아니라고 한다. 그러나 그마저도 쉽지 않다고, 매일 출퇴근 버스에서 치이고 회사에서 깨져가며 아등바등 살아가는데도 평범한 삶은 점점 요원해짐을 한탄하고 자포자기한다. 기실 이제 한국 사회에서 이들이 원하는 평범한 삶을 살아 가기란 굉장히 어렵다. 한국인들이 생각하는 평범이란 평균(중간)이고 평범한 삶이란 곧 중산층의 삶인데, 앞서 보았듯 중산층의 기준은 현실적으로 매우 높아졌기 때문이다. 이 기준선을 넘어서야만 비로소 평범한 평균적인 삶이라고 우리 사회에서 받아들여지는 삶을 살게 된다. 그리고 여기에서 평범의 요지는 간명해 가족을 꾸리고 아파트를 사는 것을 가리킨다.

대단한 성공이 아니라 이 정도 수준의 삶을 원하지만, 평범한 삶이 더 이상 평범하지 않게 된 사회에서(성공해야만 가질 수 있는 것이 되었기에) 사람들은 최소한의 욕구와 욕망에도 가닿지 못한 채 고통받고 있다. 그런데 우리가 지닌 욕망이란 무엇인가? 우리는 자신의 욕구와 욕망을 제대로 이해하는가?

대부분 개인의 욕구와 욕망은 사회가 주입한 결과인 경우가 많다. 이 정도 학교는 나와서 이 정도 직장 정도는 다녀주어야 하고, 이 정도 연봉은 받아야 한다는 기준선이 곧 그 사회에 속한 개인 본연의 욕망을 대체한다. 그리고 사람들에게 주입된 사회적 욕구는 숫자로 환산 가능한 외적 가치로만 이루어져 있다. 자신만의 욕구와 욕망을 탐색하고 성찰해 남들과 다른 고유한 삶을 사는 대신, 남들이 정해준 기준을 좇느라 인생을 허비한다는 이야기는 전혀 새롭지 않을 것이다.

하지만 모두가 같은 방향을 향해 달려가는 사회에서 선로를 이탈해 외롭게 다른 길로 향하기란 여간 어려운 일이 아니다. 주변 대부분이 가지 않는 길을 선택한 이후에도 자신의 삶에 대한 믿음을 간직한 채 남과 견주지 않고 '현타'에 시달리지 않을 자신이 있는가? 결국 사람들은 다른 사람과 항상 비교하며 나에게 부족한 점을 늘 의식하고 상대적 박탈감에 시달리는 인생으로 내몰린다.

이런 사회에서 상대적 박탈감을 해소하고 남들을 따라잡기 위해 사람들은 어떤 선택을 하게 될까? 어떻게든 내가 뒤처지지 않았다는, 작은 거 하나라도 나은 점이 있다는 사실을 필사적으로 확인하려 하지 않겠는가? 그렇다면 그 '나은 점'은 어디서 찾을 수 있을까? 자기 자신의 존재감을 확인하려면 사회적 욕구를 충족해야 하는데, 그 욕구를 채울 수 있는 그나마 가장 손쉽고 확실한 방법은 물질적이고 외형적인 가치의 획득뿐이다.

이렇게 눈에 보이고 숫자로 바꿀 수 있는 가치로 인정욕구를 채우는 것이 삶의 핵심 목표가 되면 숨 쉬는 내내 남들과 비교하게 될 수밖에 없다. 어려서는 학교 성적, 특히 국영수처럼 주요 과목의 시험 성적을 중심으로 매겨지는 등수와 등급이 중대한 요소일 테고, 성인이 되어서는 학벌, 직업, 연봉, 집과 차 등을 통해 존재 가치를 확인하며 내면의 결핍과 인정욕구를 채운다. 그리고 이러한 비교의 본질은 차별화다.

차별화는 무의식적인 집단화와 편 가르기를 동반한다. 사회적으로 합의되었다고 여기는 일정 평균 범위에 속하는 사람보다 뒤처지지 않았으며, 특히 중간도 못 가는 '그런' 사람과 나는 다르다는 인식에 기반해 우리는 항상 나와 너를 나누고 '우리'에 집착한다. 울타리를 친 뒤 밖에 있는 사람을 타자화하고 때로는 비인간화하며 그들을 이해하려는 노력 대신 냉혹한 비판과 비난을 가한다. 다른 사람의 입장에서 '그럴 수도 있겠구나' 하는 공감은 피곤하고 불필요하며 '비효율적인' 일일 뿐이다. 그저 나와는 다른, 이상하고 비상식적이며 개념 없는 사람 혹은 집단으로 몰아붙이면 그만이다.

온라인에 여전히 악성 댓글이 무성한 현실을 이해하기 위해서는 개인이 가진 열등감과 박탈감 등을 우선 고려해야 하지만, 그 아래 무의식에는 해당 대상을 나와 같은 사람이라고 생각하지 않는 마음이 있다. 우리 사회에서 오랫동안 출신과 신분에 따른 순혈주의가 득세해 온 궁극적인 이유 역시 같은 맥락에서 이해가 된다.

이런 사회 분위기에서 개인의 독창적인 성향과 고유한 가치, 내면의 모습 등이 설 자리는 눈을 씻고 봐도 찾을 수 없다. 대신 학생 때부터 등수와 등급에 따라 사람을 나누는 데 익숙해진 사람들은 커서도 외적 가치에 준거해 사람의 '급'을 따지고 다른 사람과 비교해 나의 위치는 어느 정도인가를 줄곧 탐색한다. 생각하고 의식적으로 행하는 사고가 아니다. 어려서부터 학습되어 뼛속까지 내재화된 계급의식이 반사적이고 자동적으로 평생 등급과 계층을 나눈다. 그리고 우월감과 자격지심의 진자 운동을 계속한다.

자산과 소비:
나를 표현하는 방법

사람들은 서울대 출신에 '사'자 직업을 가졌다는 '간판'만 들어도 자신도 모르게 우러러보는 한편, 직업에 귀천은 없다고 말하면서도 비정규직과 육체노동자들은 자신보다 한참 떨어진다고 생각한다. 만약 당신이 변호사나 의사가 아니라고 해도 외제차 한 대 끌고 다니는 것만으로 충분하다. 좋은 차를 타고 다니는 당신을 부자라고 생각하며 부러워할 테니까.

초반에 상대방에 대한 스캔을 순식간에 마친 후, 자신보다 높다고 판단되면 왠지 막 대해서는 안 될 것 같은 부담감에 휩싸이고 그 반대라면 예의를 갖추는 척하면서도 깔고 본다. 재미있는 점은 카페나 레스토랑에서 직원들을 하대하는 다른 이의 태도를 싫어한다는 사람들의 상당수가 자신이 그 직원들과 같은 사람이라고 생각하는가 하면, 꼭 그렇지도 않더라는 것이다. 그들은 자신이 직원들과 '급'이 다르지만 하대하는 사람들처럼 '천박하고 예의 없지는 않다'고 생각하는 것으로 도덕적 우위를 점하고 자신과 남들(직원과 직원을 무시하는 이들 모두)을 차별화한다.

다른 사람과 나를 구분 짓고자 하는 욕망은 한국 사회 구석구석 어디에나 퍼져 있다. 특히 우리처럼 출세의 통로가 대부분 시험으로 이루어진 사회에서는 해당 시험을 통과하거나 자격을 취득하는 것이 무엇보다 중요하며, 이러한 '간판'의 획득 여부가 그 사람의 사회적 위치를 결정짓는다. 그리고 자신의 우월한 지위와 계급을 이용해 남들과 다르다는 사실을 확인하고자 하는 마음 이면에는 곧 내가 그들보다 뒤처진 '평균 미달'이 아님을 증명하고자 하는 욕구가 존재한다. 이러한 심리에 기반한 차별화 시도는 분야를 가리지 않고 찾아볼 수 있는데, 그 다양한 사례를 하나하나 정리한다면 그 내용만으로도 책 한 권을 쓰고도 남을지 모른다.

예로부터 차별화의 대표적인 수단은 학벌이었으며, 간판에 개인의 고유한 능력과 자질이 묻히는 대표적인 곳으로 역시 보수적인 공직사회를 꼽을 수 있다. 오랜 논란의 대상이던 정규직과 비정규직 갈등은 계약 기간과 처우 관련 차별을 넘어 이제 조직 내부의 새로운 계급 형성으로 진화했다.

그러나 사회 곳곳에 뿌리내린 간판에 따른 차별화는 비단 우리에게 익숙한 직업 분야에만 국한되지 않는다. 한국 사회 구성원들이 외적 가치를 바탕으로 나와 남의 경계를 가르는 한편 인정욕구를 채우는 데 사용해 온 원리는 본질적으로 같지만, 시간이 흐를수록 차별화의 중심이 돈 혹은 돈으로 환산 가능한 가치로 옮겨가고 있다. 그렇다고 지위와 명예를 향한 욕구가 약해지거나 사라졌다는 의미는 아니다. 이는 우리 사회에서 자산 소유 정도나 소비 수준, 즉 숫자로 표시되는 재력이 사회적 서열을 정하는 새로운 '신분' 창출 수단이 되어가고 있음을 알려준다. 나아가 어디에 사는지와 무엇을 사는지가 곧 그 사람의 정체성을 이루는 핵심 요소가 된다.

어디에 사는지가 당신이 누구인지 말해준다

'부심'은 본디 자부심에서 왔지만, 자기 자신 또는 자기와 관련된 것에 대해 스스로 그 가치나 능력을 믿고 당당히 여기는 마음이라는 원래의 긍정적인 의미와는 달리 지나친 자부심을 조롱할 때 사용되는 부정적인 은어다. 좋은 차를 자랑하는 차부심부터 소소하게는 냉부심(냉면 맛을 제대로 아는 자부심, 특히 슴슴

한 평양냉면), 맵부심(매운 음식을 잘 먹는다는 자부심), '술부심'(술을 잘 마신다는, 즉 술이 세다는 자부심) 등 '그래도 이건 내가 평균 이상이지' 싶은 것이 있다면 크든 작든 '-부심'의 대상이 될 수 있다.

'부심'의 침투력은 실로 어마어마한데, 이러한 마음의 본질은 남들과 자신이 다르다는 차별화를 통한 존재감 확인과 인정 욕구의 충족이다. 그리고 그 기저에는 자신이 가진 무엇 하나(특히 물질적 가치를 지닌)라도 내세워서 자신을 보호하려는 열등감이 숨어 있다. 그마저 없다면 남들보다 나은 점을 찾기 어려운 까닭이다.

내가 어디에 사는지를 내세우는 '집부심'도 마찬가지다. 물론 과거에도 사는 지역으로 '부심'을 부리는 일이 없지는 않았다. 이를테면 서울과 지방을 나누어 서울을 벗어나면 전부 시골 취급하는 '서울 부심'이 있다. 조금 확장해 '수도권 부심'이라고 할 수도 있는데, 인구가 점점 수도권으로 몰림에 따라 한반도 이남을 수도권과 비수도권으로 구분한 뒤 부산, 대구, 광주 등 광역시조차 한참 지방이라고 생각하는 태도다. 시간이 지나며 거주지를 둘러싸고 발생하는 각종 '부심'은 점점 더 세분화되고, 수도권 내에서도 서울과 비서울(인천과 경기)로 갈리는 모습이다.

그러나 이전에는 단순한 '도시 대 시골'의 대결 구도를 놓고 지방에서 올라온 친구들을 가볍게 놀리는 수준이었다. 예를 들어 "부산에도 ○○있느냐"라는 식의 장난을 치면 "마, 부산이 그래도 제2의 도시다, 있을 거 다 있다"라며 받아치는 정도였다. 2022년 인기리에 방영된 드라마 〈나의 해방일지〉에서는 매일 한 시간 넘게 서울로 출퇴근하거나, 마음 한구석에 늘 막차 시간을 새겨두고 편히 놀지 못하는 주인공들의 모습이 많은 공감을 얻었다. 하지만 직장과 각종 모임 등 주 생활권이 서울일 수밖에 없는 비서울 수도권 거주자들의 애환은 비단 어제오늘 일이 아니고 20년 전에도 마찬가지였다.

출신지에 따라 진지하게 '등급'을 나누거나 다른 사람과의 차별화 욕망이 투영되는 경우는 많지 않았으며, 서울이나 수도권에서 나고 자란 것이, 혹은 살고 있는 것이 곧 그 사람의 가치를 나타낸다고 여기는 사람도 거의 없었다.

그런데 이제 양상이 달라졌다. 어디에 사는지는 곧 그 사람이 누구인가를 말해주는 주요 바로미터 중 하나로 작동하는 한편, 개인의 정체성과 가치를 반영하기 시작했다. 더 정확하게 짚자면 '반영한다'기보다는 '반영한다고 사람들이 여긴다'고 해야겠지만 말이다.

앞서 언급한 서울과 비서울 간 분화는 서울의 경계 인근에서 더욱 선명해진다. 강동구와 하남시(상세하게는 강일지구와 미사지구), 송파구와 성남시(분당·판교는 '강남구급'이므로 제외), 중

랑구와 구리시, 도봉구와 의정부시, 구로·금천구와 광명시 등 서울과 경기도의 경계에서 보이지 않는 차별화와 타자화가 일어난다. 주소지가 '서울'로 찍힌 많은 사람이 의식적 또는 무의식적으로 '경계 밖의 사람들'과 자신을 다르다고 인식한다. 그리고 그러한 인식이 일어나는 이유는 단 한 가지다. 서울이냐 아니냐에 따라 아파트값이 달라지기 때문이다.

서울의 집값이 비싼 데는 교통과 각종 인프라, 편의·문화 시설 접근성을 포함한 여러 요소가 반영되어 있지만 결과적으로 그 모든 조건이 '서울'이라는 꼬리표 하나에 수렴해 가격을 벌리는 요인이 된다. 실제로는 행정구역을 가르는 선이 눈에 보이지도 않을뿐더러 조금만 걸어가면, 심지어 어떤 경우에는 길 하나만 건너가면 되는 거리인데도 말이다. 가격 차이는 '인식'을 불러일으키고, 그러한 인식을 공유하는 사람이 늘어날수록 서울과 비서울 간 아파트값 차이도 더 벌어진다.

이러한 분화는 서울 안에서도 일어나고 있다. 부동산 급등기에 온라인 커뮤니티에서 생겨나 카톡 짤로도 많이 돌았던 시군구별 '부동산 계급' 도표는 이러한 인식의 변화를 극적으로 보여준다. 서울 안에서도 강남과 강북, 혹은 강남과 비강남으로 나누어진 뒤 더욱 세분화된 계층을 이룬다. 심지어는 강남 내부에서도 강남구 대 서초구·송파구 혹은 강남구·서초구 대 송파구 구도가 형성된다고도 한다. 아무리 '급'을 나누고 우월성을 확인하고자 하는 욕망이 어느 정도는 인간의 본성이라고 해도 이렇게까지 해야 할 일인가.

그런데 놀랍게도 이게 끝이 아니다. 자이와 래미안, 롯데캐슬, 힐스테이트 등 대형 민간 건설사의 브랜드 아파트와 중소건설사 아파트 그리고 공공아파트로, 나아가 '정상적인' 절차를 밟은 분양아파트와 임대아파트로 끊임없이 나누고 또 나눈다. 심지어 한 단지 내에서도 이러한 차별이 이루어진다는 것, 그리고 그러한 차별을 정당한 '차이'라고 주장하는 사람이 많다는 것 역시 우리는 알고 있다.

브랜드 이름을 부여받지 못한 오래된 구축 아파트는 물론 지어진 지 몇 해 되지 않은 신축 아파트에서도 주민들이 뜻을 모아 기초지방자치단체와 건설사에 단지명 변경을 요청하는 일은 이제 흔히 찾아볼 수 있다. 혹은 사회적 물의를 일으킨 탓에 부정적인 이미지가 생긴 중소 건설사 아파트의 경우 해당 회사명을 지우려 하기도 한다. 이제 아파트 '브랜드'는 집값 상승을 위한 보증 수표를 넘어 곧 거주민의 브랜드 그 자체가 되었다.

인간의 차별화 욕구는 '임대'라는 단어와 만나면 다시 한번 한계를 넘어선다. 사회 전반에 만연한 (공공)임대아파트에 대한 차별은 이제 새롭지 않다. 어린 초등학생들조차 공공임대아파트에 사는 또래 친구들을 휴거지(휴먼시아 사는 거지), 엘사(LH 아파트 사는 사람)라고 비하하며 그룹을 나누는 것이 현실이다.

이 아이들의 부모가 평소에 자가 아파트 혹은 브랜드 아파트에 산다는 사실에 왜곡된 우월감을 느끼며 그렇지 못한 사람들과 자신은 '다르다'고 생각해 왔으리라는 것을 추측하기는 어렵지 않다.

집부심, 동네부심, 아파트부심은 2020년대 한국 사회에서 흔한 개념이 되었다. 우리는 어디에 사는지를 바탕으로 그 사람을 재고 판단하고 '급'을 나누며 나와 비슷한 수준인지 끊임없이 계산한다. 누군가는 사는 지역이나 동네를 직접적으로 물어보기가 조금 그랬는지, "고등학교 어디 나왔냐?" 혹은 "자식이 어디 고등학교 다니냐?"라는 질문을 던지기도 한다. 대학 간판만으로는 자세한 호구조사가 불가능할뿐더러, 이제 대학 간판보다 자산의 양이 계급 산정에 더 중요한 기준이 되었기 때문이다. 그러는 사이 우리는 이제 아파트 단지 주변을 둘러치는 담장과 외벽에 익숙하고, 임대아파트 단지와 통행로를 구분하는 풍경이 더 이상 낯설지 않게 되었다.

무난함 뒤에 숨은 과시적 소비

날이 풀리고 벚꽃이 만개하면 사람들은 새로운 계절에 알맞은 옷을 찾는다. 코로나 시국을 지나오는 동안 억눌렸던 욕구의 분출을 반영하듯 거리에서 한껏 꾸민 사람들을 만나보기는 어렵지 않다. 유행은 돌고 돌아 20년 전 패션이 다시 최신 트렌드로 떠오르기도 하지만, 다수가 선호하는 코디법은 변하지 않는다. 평범하지만 깔끔하고 심플하면서도 무난한 스타일.

생각해 보면 한국에서는 옷 하나 입기도 참 피곤하지 싶다. 이목을 지나치게 끌지 않으면서도 자기만의 소위 '엣지 있는' 스타일을 추구해야 한다. 깔끔하고 심플하면서도 무난함이란 대체 무엇일까? 한마디로 딱 부러지게 정의하기 어려운 그 기준을 따라가기 어려워하는 사람들이 실제로도 많은 것 같다. 인터넷 유명 쇼핑몰의 상위 랭킹에 오른 의상으로 위아래 맞춰 입기만 해도 '반은 간다'는 댓글(이런, 여기서도 중간이라니!)을 쉽게 찾아볼 수 있으니 말이다.

하지만 단순히 남들이 무난하다고 여기는 스타일을 겨우 따라잡았다고 해서 안심하기에는 이르다. 싸면 싸다고, 비싸면 비싸다고, 다르면 다르다고, 비슷하면 비슷하다고 하는 비판에서 자유롭기는 어렵다.

통상적으로 사람들은 저렴하면서도 품질이 양호하며 지나치게 이목을 끌지 않는 제품을 살 가능성이 높다. 그런데 그들을 두고 싼 옷을 입는다며 무시하는 대부분은 자신 또한 그들과 유사한 처지에 있으면서도, 나도 딱히 특별할 건 없지만 그래도 너희와는 다르다는 '다수 내려치기'를 시전한다. 조금 더 정확하게 표현하자면 저렴한 상품을 구매하는 그들을 평범에 미치지 못하며 평범조차 해내지 못하는 사람들로 만듦으로써 적어도 중간은 가는 자신의 우위를 점하려는 의도가 녹아 있다고 할 수 있다. 아무것도 하지 않으면 나 또한 그저 다수에 포함된 '원 오브 뎀one of them'밖에 되지 않기 때문이다.

한편 비싼 제품을 사는 사람을 향한 비판에는 '나는 저들처럼 허세에 찌든 사람이 아니다', '나는 그런 데 돈 낭비하는 사람이 아니다'는 의식이 전제되어 있다. 그런데 이 역시 나와 남을 차별화하고자 한다는 점에서 본질은 같다. 결이 살짝 다를 뿐이다. 게다가 값비싼 상품을 걸치고 다니는 사람들을 비웃는 이들이 진짜 명품에 관심이 없고 브랜드를 소비하고 싶지 않은가 하면 꼭 그렇지만도 않다. 물론 정서적으로 단단하고 건강해서 분위기에 휩쓸리지 않거나 소비에 큰 관심이 없는 사람도 있지만 소수에 그친다. 사실은 본인 역시 그러고 싶으면서도 할 수 없는 탓에, 자신과는 달리 실제 비싼 옷을 입고 비싼 음식을 먹는 사람에 대한 내면의 시기와 질투를 모른 척하는 사람이 많다.

두 가지 태도를 합하면 중간에도 가닿지 못하는 너희들보다는 낫다는 우월감에 더해 나는 허세를 부리지 않는다는 도덕적 우위까지 점할 수 있다. 양쪽을 '모두 까며' 자신의 가치를 올리고 존재감을 확인할 수 있으니 일거양득이다. 슬프지만 이렇게라도 하지 않는다면 남보다 내가 낫다는 점을 확인할 길이 마땅치 않기에 달리 방도가 없다.

　이는 앞서 이야기했던, 튀지 않는 가운데 차별화를 시도하려는 데서 비롯된 안타까운 결과다. 우리는 남들과 비슷하면서도 달라야 하는데, 정작 그들이 나 자신과 같은 마음으로 무언가 '다른' 행동을 하면 너그럽게 봐주지 못한다. 다른 사람의 눈에 거슬리지 않는 중간 지대에서 자신만의 차별화 요소를 찾으려 애쓰다 보니 생겨나는 아이러니라 할 수 있다. 달리 보면 또래 그룹 등 각종 커뮤니티에서 도태되거나 배척당하지 않으려는 분투이기도 한데, 사회에서 받아들여지기 위해 불분명한 적정선을 유지하는 일이 그만큼 매우 어렵다는 뜻이기도 하다.

　이는 한국인을 평생 따라다니는 난이도 극상의 과제다. 튀지 않는 무난함 속에서 어떻게 나의 존재 가치를 찾을 것인가? 타인과 끊임없이 비교하며 혹여 뒤처지지는 않았는지 자기 위치를 확인하려면 '급'은 나누어야겠는데, 개인이 가진 고유한 특성을 존중해 보거나 그 방법을 배워본 경험은 매우 부족하다. 다른 사람보다 나은 지위에 올라서고자 하는 마음은 일견 인간의 본능적인 욕구이고 동시에 우리 대다수는 각자 조금씩은 '허세'를 장착하고 있기에 어느 정도는 비싸고 좋은 상품을 선망하기 마련이다. 하지만 금전적 요소만이 자신의 존재 가치를 증명하고 끌어올려 줄 유일한 수단일 경우에는 이야기가 조금 달라진다.

　획일화된 가치를 바탕으로 겉모습으로만 사람을 판별해 온 우리가 취할 수 있는 손쉬운 방안은 소비를 통한 차별화와 과시뿐이다. "남들이 갖지 못하는 제품을 사라, 그것이 너를 특별하게 만들어줄 테니. 동시에 남들 다 사는 제품 역시 기본적으로 갖춰라." 모두가 원하고 소유하는 상품을 갖지 못한다는 것은 곧 중간이라고 명명된 사회 기준에 부합하지 않는다는 뜻이고, 이는 양보할 수 없는 사회적 생존의 문제가 된다. 다른 사람에게 뒤처질 수 없다는 절박한 마음이 빚어내는 결과는 '소비 행태'마저 따라 하는 모방 소비, 그리고 능력을 벗어나는 무리한 구매를 하면서도 그러한 소비가 자신을 특정 계층에 속하도록 해준다는 착각이다. 이러한 행위에 대한 문제의식이 옅어진 공간에는 그게 뭐 어떠냐는 인식이 확산되어 가고 있다.

사람들이 뿜어내는 과시욕은 이제 구매한 브랜드에 자신의 정체성을 입히는 데까지 나아가는 모습이다. 이를 가장 뚜렷하게 나타내 주는 수치는 역시 세계 최고 수준의 명품 소비량이다. 2022년 한국의 명품 시장 규모는 전년 대비 24퍼센트 증가했으며, 1인당 명품 소비액은 325달러로 우리는 세계에서 가장 명품을 사랑하는 나라가 되었다.[4]

샤넬이나 에르메스 가방을 메면 나의 가치가 올라가고 그렇지 않으면 떨어질까? 정말 품질이 좋아서 가방을 사는 사람도 없지 않겠으나, 자기가 메는 가방의 가격이 곧 자신의 가치라고 여기는 사람이 점차 늘어나는 것 같다. 의식적이든 무의식적이든, 어쩌면 이제 사람들은 욕 좀 먹더라도 차라리 허세를 부리는 방향을 선택하는 것일지도 모르겠다. 그리고 욕하는 사람의 상당수도 사실은 자기 내면의 욕구를 애써 감추며 부러움을 드러내지 않을 뿐이다.

정체성 동일시 현상은 명품 가방이나 지갑, 시계 등에만 국한되지 않는다. 의류와 신발, 액세서리 등 분야를 가리지 않고 특정 유명 브랜드를 선호하는 사람들의 마음은 유사하다. 일상적인 쇼핑에만 해당하는 일도 아니다. 바로 앞에서 살펴보았듯 대형 건설사의 브랜드를 좇으며 내가 사는 아파트 단지 이름에 정체성을 투영하고자 하는 심리 역시 같은 맥락으로 이해할 수 있다. 먹고 마시는 일도 예외가 될 수 없는데, 예를 들어 최근 유행하는 오마카세는 원래 그날그날 남는 재료를 가지고 주방장 마음대로 요리해 내놓는 데서 시작했으나 현재는 고급 코스 요리의 상징으로 소비되고 있다.

자신의 삶에 만족하지 못하는 사람들은 내면의 결핍을 채우기 위해 노력하고 다른 이들을 너그럽게 대하며 관용을 베풀기보다 지적질을 통해 도덕적 우위를 확보하고자 한다. 동시에 계속해서 뒤처지지 않았다는 것을, 자신이 '정상 범위' 내에 있다는 사실을 숫자로 확인하고 증명받으려 한다. 중간은 가야 하는데 그렇다고 또 중간이기만 하면 안 되니까 다양한 방법으로 과시도 해야 하는, 사실은 굉장히 피곤한 삶이자 서글픈 초상이다.

온라인에서라도 지지 않겠어

소비를 통해 자기 자신의 존재 가치를 확인하고자 하는 사람들의 욕구는 소셜 네트워크 서비스SNS의 등장 이래 더 강화되고 민감해졌다. SNS를 통해 주변인은 물론, 예전 같았다면 평생 가야 알 수도 없고 굳이 알 필요도 없었던 수많은 사람의 일상을 접하며 자신의 현실과 더 많이 비교하고, 허황된 우월감과 상대적 박탈감에 빠져 허우적거린다. SNS 플랫폼이 텍스트에서 이미지와 비디오 중심으로 변화하고(이를테면 페이스북 → 인스타그램 → 틱톡) 게시물의 휘발성 역시 증가하면서 사람들이 느끼는 감정의 진폭 역시 커졌다. 다른 사람들과의 차별화를 향한 욕망이 점점 강해질수록, 그들만큼 잘 살지 못하고 있는 듯한 자신의 모습을 바라보며 느끼는 자괴감의 강도 역시 커진다.

다음 도표는 몇 년 전 유행했던 SNS 유형별 특징이다. 간결하면서도 명쾌하게 플랫폼별 특징을 콕 집어내어 많은 사람의 공감을 얻었다. 그리고 불과 몇 해 사이 양상은 또 달라졌다. 특히 페이스북의 아성은 예전만 못하다. 2022년 초 조사한 결과 밴드가 인스타그램을 근소하게 제치고 사용자 수 1위를 기록하기는 했으나, 밴드는 중장년층이 주로 사용하며 멤버 간 친목을 다지는 폐쇄적인 커뮤니티의 형태를 취하는 경우가 많다. 빠르게 변화하는 추세를 즉각 반영하고 확인할 수 있는 개방적

😊	싸이월드	내가 이렇게 감수성이 많다
f	페이스북	내가 이렇게 잘 살고 있다
blog	블로그	내가 이렇게 전문적이다
📷	인스타그램	내가 이렇게 잘 먹고 있다
💬	카카오스토리	내 아이가 이렇게 잘 크고 있다
🐦	트위터	내가 이렇게 이상하다

SNS 유형별 특징

인 플랫폼의 관점에서는 인스타그램이 타의 추종을 불허하며, 틱톡을 비롯한 '숏폼'의 영향력이 증대하고 있다.

초기 SNS는 사람들 간 소통과 연결을 원활하게 할 목적에서 출발했지만, 앞에서 보듯 지금까지 제공된 모든 유형의 주요 소셜 네트워크 서비스는 '내가 이렇게 무엇을 하고 있다'는 것을 보여주는 '동질적' 방향으로 진화했다. 남들과 다른 나만의 무언가를 세상에 내보이고 다른 사람들이 이를 알아주기를 바라는 마음의 발현이다.

자신이 어떻게 살고 있는지 보여주고 싶은 욕망은 지극히 자연스러운 일이기에 그 자체를 두고 왈가왈부할 수는 없다. 그리고 온라인 공간에 우울한 모습보다는(그런 내면을 드러내며 위로받고 싶은 마음 역시 자연스럽지만) 아무래도 좋은 일을 알리고 행복한 하루를 공유하려는 욕구가 상대적으로 더 클 것이다. 특별한 이벤트를 기념하고 기쁨을 함께 나누려는 (그리고 자랑도 하며) 포스팅과 스토리 업로드가 인지상정이라면, 여기까지는 크게 나무랄 일도 아니다.

　문제는 시간이 갈수록 실제 삶이 아닌 포장된 모습을 SNS

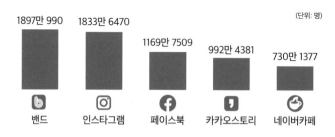

2022년 2월 SNS 사용자 순위[5]

	10대 이하	20대	30대	40대	50대	60대 이상
1위	인스타그램	인스타그램	인스타그램	밴드	밴드	밴드
2위	페이스북	페이스북	밴드	인스타그램	인스타그램	인스타그램
3위	트위터	트위터	네이버카페	페이스북	페이스북	페이스북
4위	틱톡	밴드	페이스북	네이버카페	카카오스토리	카카오스토리
5위	밴드	네이버카페	카카오스토리	카카오스토리	네이버카페	네이버카페

동 기간 연령별 사용자 순위

에 올리는 경우가 늘어나고 있으며 온라인과 현실 공간에서의 자아 간 괴리가 점점 커진다는 것이다. 처음에는 그저 맛있는 음식을 먹는 사진을 올리는 정도였으나, 어느 순간 음식 사진은 '나는 이런 레스토랑에 가서 좋은 음식을 먹고 비싼 와인을 마신다'는 의미를 내포하게 되었다. 그리고 이제는 후자의 목적을 은근하게 달성하기 위한 포스팅이 훨씬 더 많은 것처럼 보인다.

분위기 좋은 카페에서 향긋한 커피를 마시고 달콤한 디저트를 먹는 일상을 공유하는 것이 아니라, 인스타그램에 올리기 위해 맛집을 검색하고, '사진각이 잘 뽑히는' 레스토랑을 방문하고, 인스타그래머블instagrammable 하기만 하다면 거리가 멀어도 기꺼이 찾아간다. 단지 먹을거리에만 해당하는 일도 아니다. 인증 숏을 올리려고 비싼 자동차를 빌리고, 백화점에서 옷을 사서 사진을 찍은 뒤 환불하는 등 인스타그램에 올리기 위해 무언가를 하는 사람들을 접하는 일은 이제 낯설지 않다.

다양한 소셜 네트워킹 플랫폼 중에서도 인스타그램은 독보적인 인정욕구의 장이다. 텍스트 위주의 플랫폼이었던 페이스북과 달리 글보다 사진과 영상을 부각함으로써 더 직관적이고 간편한 틀을 취하고 있기에 형식적으로도 더 적합하다. 사람들이 올리는 즐거운 사진과 동영상을 보다 보면 문득 나는 이들만큼 잘 살지 못하는 것이 아닌가 하는 생각이 든다. 뒤처지지 않기 위해 더욱 경쟁적으로 포장되고 정제된 아름다운 모습만 골라 올리거나, 나만 빼고 남들은 다 행복해 보인다는 마음에 상대적 박탈감에 빠져들기도 한다.

인스타그램을 주로 사용하는 사람 중 상당수는 수많은 팔로워를 거느린 인플루언서의 옷과 스타일, 취미, 그들이 방문하는 힙플레이스 등을 따르고 선망한다. 잘나가는(듯 보이는) 사람들의 라이프스타일을 추종하며 나도 그들과 같은 '급'임을 은연중에 내비치고, 그에 따르지 않으면 유행에 뒤지는 사람으로 간주해 나는 너희들과 다름을 과시한다. 이러한 행동은 유행이나 대세에 끼지 못한다는(평균에 미치지 못한다는), 자칫 자기 자신을 비참하게 만드는 자괴감에서 벗어나는 효과도 가져다준다. 하지만 그것은 단단한 자존감이 아니라 비교에만 의존하는 건강하지 못한 마음이며, 그를 위한 수단 역시 오직 명품을 포함한 물질적인 소비뿐이다. SNS에 접속해 보내는 시간이 늘어날수록 사진과 영상에 드러나는 물질적·외형적 가치에 대한 의존성 역시 점점 커질 수밖에 없다.

이러한 가치는 또래의 시선과 의견에 민감한 젊은 세대에게 절대적 영향력을 끼치고, '비자발적으로' 그 추세에 따라가지 못하는 사람들은 어마어마한 상대적 박탈감에 시달린다. 이는 굉장히 강력한, 어쩌면 유사 이래 한반도에서 처음 경험하는 강도의 또래압력peer pressure(같은 연령대의 친구들이나 동료 집단에게 받는 사회적 압력)일지 모른다.

또래압력은 대부분 직접적으로 드러나지는 않지만 구성원 간 관계뿐만 아니라 개인의 태도와 행동, 가치관에까지 지대한 영향을 미치며, 통상 옷과 신발, 가방 등 최신 유행템에서 발견할 수 있다. 몇 해 전 중고등학생들이 너 나 할 것 없이 '노스페이스'나 '내셔널 지오그래픽' 로고가 새겨진 롱패딩을 입고 다닌 것이 대표적인 예다. 만약 이 정도 수준이 전부라고 한다면 '이스트백'과 '잔스포츠' 백팩과 '닥터마틴' 신발에 몰두했던 1990년대 후반~2000년대 초반 학생들의 모습과 크게 다를 바 없지 않냐고도 할 수 있다.

하지만 이제 개인이 느끼는 암묵적인 압력은 그 성격도 강도도 달라졌다. 단순히 어디에 가서 무엇을 먹었다는 점을 넘어 자동차, 시계, 액세서리 등 자랑할 만한 소유물이라면 전부 해당된다. 그리고 새로운 여행지, 공항 면세점 쇼핑, 비행기 탑승, 리조트 수영장 등 여행에 관한 모든 것에 이르기까지 인스타그램을 떠다니는 과시욕은 소소한 모든 사진과 영상에 녹아 있다. 가장 결정적인 차이점은 예전에는 주변 사람들 일부만이 비교와 압력의 대상이었으나 이제 내가 잘 모르는 사람들, 한 번도 만나본 적 없고 평생 마주칠 일 없을지 모르는 사람들과도 비교하며 박탈감을 느낀다는 것이다.

넷플릭스 다큐멘터리 〈소셜 딜레마〉는 미국 실리콘밸리 개발자들의 인터뷰와 각종 통계 등을 기반으로 소셜 네트워크 서비스의 위험성을 경고한다. 이 다큐멘터리에 등장하는 한 가상 가족의 막내딸은 인스타그램 '좋아요' 개수에 전전긍긍하고, '좋아요' 수가 적으면 온라인상에서 인정받지 못했다고 느끼며 이를 자신의 존재 가치 하락과 동일시해 마음에 상처를 입고 우울해한다. SNS의 파급력이 늘어남에 따른 10대 청소년의 자살률 증가 역시 확인할 수 있다.

미국의 10대에 국한하지 않더라도 SNS 접속 시간이 많은 사람일수록 팔로워 수나 게시물의 '좋아요' 수에 더 집착하고 현실 세계에서 주변 사람과 함께 있을 때조차 온라인 세상에 더 많은 시간과 에너지를 할애할 가능성이 크다. 이런 행동은 현실과 가상의 간극을 더 크게 벌릴 뿐만 아니라 완벽해 보이는 온라인 속 인물들과 비교해 현재 자신의 모습에 만족하지 못하고 실망하게 만든다.

현재 우리 사회의 젊은 세대는 한국이 후진국이나 개발도상국일 때 태어난 이전 세대와는 달리 우리나라가 상위 중진국 내지 선진국** 반열에 진입한 이후 출생했다. 물질적으로 풍요로운 사회에서 성장하고 상대적으로 많은 수가 핵가족화에 따라

** '선진국'에 대해 다양한 정의를 내릴 수 있지만 여기에서는 국가 전체 경제적인 측면에 한정

자기 가정에서만큼은 특별하게 자랐는데, 성인이 되고 사회에 나와 보니 같은 생활 수준을 유지하기는 매우 어려워졌다. 심지어 그 수준이란 것이, 어떤 대단한 상태가 아니라 자신이 어려서부터 당연하게 생각했던 정도의 삶이다.

그 지극히 '평범한' 수준에도 가닿지 못하고 하루하루 아등바등 살아가고 있는데 온라인 세상에서는 나만 빼고 다들 행복해 보인다면, 우울감과 박탈감에 사로잡히는 것이 결코 이상한 일이 아니다. 그러한 부정적인 감정에서 탈피하기 위해서는 단지 외면해버리거나 어떻게든 기를 쓰고 자신도 무언가 하고 있음을 SNS에 알리고 내세우는 방법뿐이다.

결국 실체가 없는 온라인 공간에 남겨진 것은 과시욕, 그리고 '그래도 나는 너와 다르다'는 차별화 욕구뿐이다. 2022년 하반기 유행한 '무지출 챌린지'도 이와 다르지 않다. '플렉스(돈 자랑)'와 '무지출 챌린지'는 완전히 반대인 듯 보이지만 본질은 같다. "나는 이만큼 쓸 수 있다"와 "나는 이 정도까지 쓰지 않을 수 있다"가 과연 무엇이 다른가? 고금리와 물가 상승에 대항해 절약하고자 하는 의도에서 출발하기는 했으나, 그 아래 깔린 무시할 수 없는 동기는 "나는 이만큼 안 쓰고도 버틸 수 있다"라는 과시와 존재감 확인인 셈이다.

우리 사회는 이러한 상황에 관해 얼마나 진지하게 고민하고 있는가? 단지 젊은 세대가 개념이 없고 이해하기 어렵다는 식으로 치부해 버리지는 않았던가. 삶의 모든 영역에 걸쳐 개인의 책임이 강조되는 현실에서 2020년대 각자도생의 본질은 건강한 삶과 꿈, 욕망의 추구가 아니라 생존 본능과 인정욕구, 비교와 질시, 다른 이들에게 뒤치지지 않고자 하는 마음이다. 이는 특정 세대에 한정된 문제가 아니다.

과시는 개인의 내면에 감추어진 결핍에서 기인하는 경우가 많다. 한국인들에게 가장 큰 결핍은 돈이나 아파트, 경제적 자유가 아니라 편안하고 안정적인 인간관계가 아닐까. 스마트폰 잠금화면만 해제하면 몇 초 만에 세상에 접속하는 것이 너무나 당연한 시대, 그 어느 때보다 밀접하게 연결된 것처럼 보이지만 실상 우리는 점점 연결에서 멀어지고 있다. 신뢰할 수 있는 안전한 네트워크가 좁아지면 만날 수 있는 사람 자체가 줄어들고, 그런 만큼 나와 잘 맞고 취향이 비슷한 사람들과 함께 시간을 보낼 확률 역시 낮아진다. 인간관계의 축소와 고립, 파편화 경향이 강화될 수밖에 없다.

2020년대 한국인이 겪는 '관계의 결핍'에는 여러 요소가 영향을 미쳤고 특히 코로나19 팬데믹이 큰 지분을 차지하지만, 그렇다고 오로지 팬데믹 탓으로만 돌리기도 어렵다. 소셜 네트워크 서비스가 어떤 순간을 즐기기보다 남들에게 자랑하기 바쁜 비교 플랫폼이 되어갈수록 사람들이 단절되는 것 또한 부정할 수 없다.

서울 시내를 걷는 사람들이 빚어내는 풍경에서 나는 서로를 무심히 스쳐가는 메마른 점들을 발견한다. 물론 인간관계에서 오는 피로감에서 잠시나마 벗어나려면 '점'으로서 존재할 시간 역시 필요하다. 하지만 그것이 우리가 파편화된 개인으로 고립되어 살아가야 한다는 뜻은 아닐 것이다. 슬프게도 현실은 후자에 가깝다.

나는 공간도 '소비'하는 사람이야

태국 방콕에서 일하며 지낼 때 살았던 곳에서 오 분 정도만 나가면 짜오프라야 강이 흘렀다. 걸어서 삼사십 분가량 걸리던 퇴근길에 강을 슬슬 건너며 저물어가는 해를 바라보고, 밤에 혼자 앉아 편의점에서 산 맥주를 마시며 흘러가는 강물을 바라보는 것이 그 당시 삶의 낙이었다.

강변에는 우리로 치면 한강공원 같은 탁 트인 공간이 있다. 매일 이곳을 오가다 보니 처음에는 스쳐 지나가던 많은 것이 눈에 들어오기 시작했다. 공놀이하는 아이들, 돗자리를 펴고 삼삼오오 둘러앉아 담소를 나누는 사람들, 각종 먹거리를 팔고 있는 노점상들, 정체를 알 수 없는 음악에 맞춰 단체로 에어로빅을 하는 사람들까지, 이 모든 것이 신기하게도 굉장히 조화롭게 어우러졌다. 한마디로 '자연스러웠다'. 거슬리는 것도, 불청객도 없었다. 그것은 그냥 삶 자체였다.

우리에게도 이런 공간이 있을까? 우선 한강이 생각난다. 그곳에도 공놀이하는 아이들이 있고, 뛰거나 자전거를 타는 사람들이 있고, 돗자리를 펴고 앉아 치맥과 함께 담소를 나누는 사람들이 있고, 그저 멍하니 강을 바라보며 사색에 잠긴 사람들도 있다. 서울 한복판에도 그런 곳이 없지 않다. '이 동네, 사람 냄새 난다, 여기는 사람 사는 것 같다'는 느낌이 들게 하는 장소를 꼽아보면 먼저 시장과 골목, 동네 슈퍼, 호프집 등이 떠오른다. 이런 곳들은 공통적으로 소위 '로컬'이라는 특성을 지닌다. 아파트나 빌딩으로 둘러싸이지 않은 채 기존 삶의 양식이 남아 있는 주거지역이라고 할 수도 있겠다.

예전에는 사람들이 많이 모이는 장소를 '핫플레이스'라고 불렀다. 강남, 종로, 홍대 등 대로변을 중심으로 거대한 상권이 조성되는 곳이다. 몇 해 전부터 사람들은 '힙플레이스'를 찾는다. 힙플레이스는 기존 핫플레이스의 변두리 혹은 가장자리이기도 하고(망원동, 상수동), 스타트업의 밀집처럼 특정 계기로 젊은 세대가 모이면서 생기기도 하고(성수동), 때로는 전혀 생각지 못한 공간이 갑작스레 주목받기도 한다(을지로). 이러한 힙플레이스의 공통점은 오랜 세월에 걸쳐 축적된 서사가 숨 쉬고 맥락이 존재하는 공간이라는 것이다. 현대 도시의 일상 공간에서는 찾아볼 수 없는 분위기를 아직 간직하는 곳들이다.

　'힙'하다는 공간은 대체로 시간의 흐름과 함께 자연 발생한 골목과 골목으로 이어져 있다. 건축가 유현준은 저서《어디서 살 것인가》에서 로마와 같은 오래된 도시와 서울 테헤란로처럼 빠르게 변모한 도시 공간을 비교한다. 역사의 지층이 켜켜이 쌓인 도시는 골목길과 공간의 단위가 작아서 길이 금방 꺾이며 다양한 재미와 경험을 주지만, 큰 건물이 많은 현대 도시에서는 블록의 단위가 지나치게 커서 오래 걸어도 같은 풍경만 보이고 다양한 일상의 경험을 하기 어렵다. 게다가 그마저도 대중교통이나 자동차를 이용하다 보면 맥이 끊긴다는 것이다.

　다양한 풍경이 조화를 이루는 힙플레이스에서 사람과 건물은 단절된 채 홀로 존재하지 않는다. 사람의 흔적이 곳곳에 스며든 공간에서 우리는 서로 모르되 완벽한 타인은 아니게 된다. 자신도 알아차리지 못할 정도로 아주 희미하지만 어딘가에 '연결'된다. 이러한 보이지 않는 끈이 사람과 사람, 가게와 가게, 건물과 건물, 길과 길, 그리고 그 모든 존재 사이를 잇는다. 새로운 건물이 들어서더라도 주변과 융화된다. 의식하지는 못했지만 내가 태국에서 느꼈던 감정도 이것이다. 혼자가 아니라 함께라는, 정말 희한하고 설명할 수 없지만 분명하게 실재하는 소속감. '사람 냄새'는 그 정서적 공간에서 배어나오는 냄새다. 이곳은 삶이 이루어지는 공간이자 터전이다.

연결을 잃어버리고 관계 결핍에 시달리는 우리가 이런 공간에 모이는 현상은 무척 자연스럽다. 의식하고 움직인다기보다는 무의식적 본능에 의한 행동에 가까울 테다. 그러나 이런 사람 냄새 나는 징소를 '소비'라는 욕망을 채우기 위해 찾는 사람들이 있다.

SNS 해시태그, 전문 서적과 논문, 기사와 인터뷰 등을 종합해 공간 데이터를 분석하고 연구한 힙플레이스의 공통점[6] 중 흥미로운 항목은 '차별적 가치'와 '정체성'이다. 대중이 힙플레이스에서 찾고자 하는 것은 단순한 유흥이 아니다. 현 자본주의에 충실한 즐거움을 누리면서도 기존의 현대화된 도시 구역에서는 느끼기 어려운 레트로 감성에 취할 수 있는 공간이다. 즉 힙플레이스를 향한 사람들의 욕망은 '소비를 통한 정체성 획득'이다.

사람들은 다른 사람과 구별되는 자신만의 무언가를 찾아다닌다. 그 무언가는 바로 해당 공간에 대한 소비로 완성되는데, 여기에는 나는 이런 공간을 알고 즐기며 기꺼이 돈을 쓸 수 있는 사람이라는 점을 드러내고 싶은 욕구가 깔려 있다. 결국 본질은 같다. 내가 그래도 이 정도는 된다는 은근한 과시, 그리고 뒤처진 평균 미달이 아님을 지속적으로 증명하고자 하는 마음이다.

만약 현대사회의 각박함에서 조금은 벗어나 있는 힙플레이스에 소비 기능이 추가되지 않은 채 기존 모습 그대로 보존된다면 사람들의 방문은 일회성에 그칠 것이다. 우리는 소비하지 않고 '경험'하는 데 익숙하지 않을뿐더러, 소비하지 않으면 그 공

구분	특성
차별적 가치	- 유사 공간과 차별화된 가치(맛, 멋, 품격, 만족, 경험, 즐거움 등)를 제공한다. - 흔함, 뻔함, 지루함을 벗어나 제품, 서비스, 공간의 새로운 조화를 만들어낸다.
정체성	- 자신만의 고유한 개성을 지니고 '원 오브 뎀'이 아닌 '스페셜 원special one'을 추구한다. - 단순 모방과 형식적 추종을 벗어나 새로운 방식을 실험하고 트렌드를 선도한다.
취향 중시 고객	- 20~30대 젊은 세대와 여성 고객의 비율이 높다. - 패션, 디자인, 소품, 인테리어, 조명, 배치, 동선, 음악, 분위기 등을 반영해 취향 중시 고객의 선택을 이끌어낸다.
흡인력	- 지나가다 마지못해 선택하는 곳이 아니라 멀리서도 기꺼이 시간과 비용을 들여 방문하도록 한다. - 대기 시간이 길어도 기다리는 불편함을 기꺼이 감수하게 한다. - 배후 상권이 핫하지 않고 유동인구가 적어도 '나 홀로' 고객을 견인할 수 있는 매력을 발산한다.
전파력	- '내가 어떤 사람인지', '어떤 취향을 좋아하는지' 고객이 자신의 정체성을 표현하는 공간으로, 적극적으로 알려나간다. - 가족, 친구, 지인, 제삼자에게 주로 SNS를 이용해 자발적으로 소개하고 추천한다.

힙플레이스의 다섯 가지 공통점

간을 방문하는 자신을 부각하기 어려워지기 때문이다. 달리 말하면 돈을 쓰지 않고서는 딱히 할 것이 없으며, 자신의 존재 가치를 확인하거나 증명할 수도 없다는 뜻이다. 나 역시 종종 힙플레이스를 찾는데, 카페에 앉아 커피를 마시나 문득 이실감을 느끼곤 한다. 나를 포함해 이곳에 앉아 있는 우리가 여가조차도 소비하는 느낌이 들어서다.

대중이 힙플레이스를 소비하는 과정에는 이러한 장소가 힙플레이스일 수 있었던 가장 본질적인 구성 요소인 '삶'이 빠져 있다. 옛것이 레트로라는 그럴듯한 이름과 함께 올드한 것이 아니라 '힙'하게 받아들여지는 근본적인 이유는 그것이 일상적인 삶이 아니어서다. 그런 곳에서 산다고 생각해 보라. 또는 일하는 자신의 모습을 상상해 보라. 을지로와 충무로의 인쇄소 골목으로 매일 출퇴근해야 하는 삶을 요즘 사람들이 받아들일 수 있을까?

영화 〈기생충〉의 개봉 이후 주인공 가족 아들이 친구와 과외 이야기를 나누던 아현동 슈퍼와 그 가족이 폭우 속에서 반지하 집으로 돌아갈 때 내려간 계단 등 영화 촬영지는 관광지가 되었다. 몇 해 전에는 모 지자체가 쪽방촌 체험 기획을 시도했다가 여론의 뭇매를 맞고 백지화한 일도 있었다. 이런 일들에 나쁜 의도가 있었으리라고는 생각하지 않지만, 그곳을 삶의 터전 삼아 살아가는 사람들에 대한 이해와 공감 없이 내가 그들과 '같지 않다'는 인식을 품고 있기에 가능한 것도 사실이다. 기본적으로 소비의 대상으로 즐길 수 있다는 것은 나는 저런 삶을 살 리 없다는 의식을 전제로 한다. 힙플레이스에는 가난과 같은 부정적인 이미지는 물론 지난한 삶과 일상의 무게가 거세되어 있으며, 그렇기에 새롭고 특별한 이벤트로 소모되고 소비될 수 있다.

모든 것을 소비하는 한국 사회는 이제 시간과 공간, 분위기마저 그 대상으로 삼으려 한다. 사람들은 남들이 가지 않는 곳에 방문하고 남들이 하지 않는 신선한 활동을 원한다. 동시에 남들보다 못하다는 것을 드러내고 싶지 않아서, 유행에 뒤처지고 싶지 않아서 소비한다. 삶의 필요need와 자신의 욕구want를 넘어 단지 대세를 따르기 위한 소비가 이루어지고, 구매하는 물질적 가치로 자신의 사회적 지위를 확인한다. 모든 행동에는 '돈'이 들고, 시간과 공간을 사고 난 흔적은 인스타그램에 사진 몇 장으로 남는다. 과시를 위한 온라인 게시물은 오프라인 공간과 상호 작용하며 이러한 추세를 부채질한다.

오해는 하지 않았으면 한다. 공간을 즐기지 말라는 것도, 힙플레이스를 찾는 사람들이 모두 돈에 미쳐 있다는 의미도, 공간을 소비하는 사람들이 개념 없고 공감 능력이 부족하다는 뜻도 아니다. 인간은 소비하지 않고 삶을 영위할 수 없으며, 그곳이 힙플레이스든 아니든 어떤 공간을 방문한다는 것은 개인에게는 특별한 경험이다. 소중한 사람들과 즐거운 시간을 보내기 위한 투자는 아마도 세상에서 돈을 가장 의미 있게 쓰는 방법일 테다. 하지만 오직 소비가 일상의 거의 모든 요소를 잠식하는 삶에 대해 한 번쯤은 생각해 봐야 하지 않을까.

한국은 돈만 있다면 살 수 없는 게 없을 정도로 경제 성장을 이루었지만, 그 안에서 사회 구성원으로 살아가는 우리가 정말로 잘 사는 것인지에 대해서는 의문을 떨치기 어렵다. '잘 산다는 것'의 기준은 무엇일까? 천천히 자신만의 속도로 살자고 다들 외쳐대는 세상이지만 시스템 속도가 변하지 않으니 다르게 살기란 여간 어려운 일이 아니다. 그렇게 살기 위한 노력 역시 자연스러운 삶의 흐름이라기보다는 어떤 '과제' 같기만 하다.

우리는 어디까지 소비할 수 있을까. 어느 정도까지 하지 않을 수 있을까.

서로를 믿을 수 없는 사회의 생존 투쟁: 공정을 외치다***

어린 시절 나는 여느 남자아이처럼 스포츠, 만화, 게임을 좋아했다. 학교에서 돌아오는 길에 대여점에서 매일 한두 권씩 만화책을 빌리고, 해가 질 때까지 친구들과 농구나 축구를 하기도 하고, 부모님이 깰까 봐 새벽에 불 꺼놓고 스피커 소리를 죽인 채 컴퓨터 게임에 몰두했다. 대학에 와서는 동아리 활동에 미쳐 있었다. 이십 대 중반 정도까지만 해도 무언가에 몰입했던 경험이 많았고 그 대상도 다양했던 것 같은데, 이제는 그런 순간이

*** 본 내용만으로도 책 한 권 이상의 담론 확장이 가능하지만, 이 책에서는 외적 가치의 비교를 통해 욕망을 채우는 사회에서 사람들이 살아가는 양상에 대해 짚어보는 정도로 넘어간다.

가끔 한 번씩, 아주 잠깐씩 찾아오는 것 같다. 뭐든지 그 자체로 즐기는 것이 아니라, '이걸 해서 내 삶에 어떤 도움이 되는 거지?'라는 관점으로 바라보는 것이 습관이 되어버렸다.

자산과 소비 수준으로 계급이 형성되고 오직 눈에 보이는 가치를 바탕으로 자신의 사회적 위치와 지위를 확인하는 사회, 나와 타인을 비롯한 세상 모든 것을 가르는 기준이 숫자로 일원화되는 사회에서 선택의 첫 번째 기준은 '그 행동이 돈이 되는지' 여부다. 단순한 취미 생활이 아니고서는 (그리고 때로는 취미 생활조차) "그거 왜 해, 돈이 되긴 하는 거야?"라는 질문에서 자유로울 수 없다. 그리고 그 질문을 던지는 첫 번째 사람은 바로 자기 자신이다. 돈 안 되고 성적에 중요하지 않은, 대입과 취업에 직접적인 관련이 없는 삶의 요소가 경시되는 사회적 시선과 분위기를 뿌리 깊이 체득하였기 때문이다. 자동화된 자기검열에서 벗어나기란 쉽지 않다.

사람들은 어려서는 좋은 학교에 가는 데 도움이 되지 않는 일을 하지 않고, 커서는 돈이 되지 않는 일에 큰 관심을 두지 않는다. 정작 자신이 무엇을 하고 싶은지는 알지 못한 채, 세상을 숫자로 환산 가능한 외적 조건으로 구분하는 데 익숙해지고, 그럴수록 돈을 제외한 무언가를 믿고 의지하며 살아가기도 힘들어진다. 신뢰할 수 있는 영역이 일부 주변인에 한정되고 그 범위를 벗어나는 존재에 대한 믿음은 부족한 사람들에게 돈은 신용할 수 있는 유일한 대상이며, 이런 사회에서 사람들은 항상 가진 것들을 비교하고 질시하며 불행해진다. 뒤처지지 않기 위한 과시적 소비와 그것을 통한 정체성 확인, 그리고 인정욕구 충족은 저신뢰 성과 중심 사회의 단상이다.

타인과 사회, 그리고 국가를 믿을 수 없는 낮은 신뢰 수준은 필연적으로 불안을 부른다. 2020년대 한국 사회에서 불안의 뿌리는 물리적 생존에 있지 않다. 이밥에 고깃국이 한 가정의 목표이자 바람이었던 시절은 이제 지나갔고, 대다수의 사람은 더 이상 굶어 죽을 걱정을 하지 않는다. 중요한 것은 '사회적 생존'이다. 거창한 성공이나 자아실현이 아니더라도 양보할 수 없는 사회적 생존의 심리적 저지선 혹은 마지노선이 존재한다. 그 기준선은 다른 사람들과의 비교 위에 세워지며 '중간' 혹은 '평균', '평범'이라는 이름으로 불린다. 타인과의 희미한 연결과 부족한 신뢰 속에서 자신의 삶을 오롯이 스스로 책임져야 하는 사람들은 사회가 제시하는 기준에 부합하기 위해 지금 이 순간에도 분투하고 있다.

사람들에게는 불안에 대처하기 위한 두 가지 방편이 있다. 남들에게 뒤처지지 않기 위해 필사적으로 자산 축적에 몰두하거나, 현재 내 모습만으로 충분히 괜찮고 불안정한 현실은 더 나은 삶의 단계로 나아가는 과정이라는 위안을 얻으며 마음을 다스리는 것이다. 하지만 경제적 자유는 요원하고 진정한 인간

관계는 실종된 곳에서 두 가지 모두 한계가 있다. 우리가 마주하는 것은 극한의 경쟁뿐이다. 극소수에게만 허락된 좁은 길목을 통과하기 위한 다툼 속에서 성공의 문을 넓히거나 다양화하려는 노력은 뒷전으로 밀려나고, 그 자리에는 기존의 원칙을 유지하고 객관적 절차를 지키라는 목소리만 남는다. 소위 공정에 대한 요구는 '내가' 성공할 기회, 남들보다 뒤처지지 않을 기회를 보장하라는 의미다. 즉, 생존 투쟁이다.

믿음이 부족한 사회의 디폴트, 불안

외국인들이 한국에 와서 가장 크게 놀라는 일 중 하나는 거의 모든 한국인이 지갑이나 휴대폰, 노트북과 같은 귀중품을 카페 테이블에 올려두고 자리를 비운다는 것이다. 주문하러 갈 때나 화장실 갈 때는 물론이고, 심지어 자신의 물건으로 자리를 맡기도 한다. 이러한 한국인의 특성을 담은 영상은 유튜브에 널려 있고, 빈자리에 노트북이 있으면 한국인들은 훔치려는 것이 아니라 자리가 없어서 아쉬워한다는 식의 댓글이 가장 많은 공감을 얻는다. 공항버스 대기 줄에 사람 대신 늘어선 캐리어, 문 앞이나 공동 현관에 방치해도 사라지지 않는 택배, 지하철 유실물 센터에 연락하기만 하면 웬만해서는 되찾을 수 있는 소지품 등 한국인의 성숙한 시민 의식을 엿볼 수 있는 사례가 많다.

이러한 사회적 신뢰는 대중교통 체계에서도 찾아볼 수 있다. 기차를 타 본 사람들은 알겠지만 서울역처럼 주요 기차역의 출입구는 그냥 개방되어 있다. 물론 탑승 전후 승차권을 확인하는 사람도 없다. 기차가 출발하고 나면 승무원들이 돌아다니면서 수시로 검사를 하기에 무임승차 적발이 충분히 가능하다고는 해도, 무임승차가 정말 큰 문제였다면 과거처럼 애초에 탑승 전부터 검사를 철저하게 하는 편이 낫다. 그러나 굳이 그렇게 해도 되지 않을 만큼 대부분의 시민이 표를 구매하리라는 믿음이 존재하고, 덕분에 코레일은 검수 인력을 모든 역마다 배치하지 않음으로써 엄청난 비용을 절감할 수 있다. 국민 간 신뢰가 높고 법과 제도가 잘 구축되어 거래 비용이 적게 발생하며 효율성은 높은, 사회적 자본이 잘 확충된 나라의 표본을 보는 것 같다. 그렇다면 한국 사회는 고신뢰 사회인가?

한국 사회의 신뢰도를 측정한 각종 조사는 다른 이야기를 들려준다. 영국 싱크탱크 레가툼연구소가 발표한 2020 레가툼 번영 지수 중 '사회적 자본' 부문에서 한국은 조사 대상 167개국 중 139위로 최하위권에 머물렀으며, 123위를 차지한 '정부에 대한 신뢰'를 필두로 사법 시스템과 법원(164위), 군(147위), 정치인(111위) 등 주요 공적 기관에 대한 낮은 신뢰도를 드러냈다. 심지어 2021년 조사에서 사회적 자본 부문은 147위로 더 하락했다. 경제, 교육, 보건 등 전반적인 사회 요소들을 종합한 국가 번영 지수에서 2020년 28위, 2021년 29위로 상위권을 유지한 데 비하면 유독 사회적 자본의 빈약함이 두드러진다.

한국언론진흥재단의 2018년 설문 조사에서 사회 전반에 대한 국민 신뢰도는 32.3퍼센트에 불과했으며 언론(35.5퍼센트), 법조(34.0퍼센트), 공직 사회(37.2퍼센트) 등 대부분 영역에서 절반에도 한참 미치지 못했다. 기업은 17.9퍼센트, 정치권에 대한 신뢰도는 6.9퍼센트로 꼴찌를 차지했다.

매년 신뢰도 조사를 발표하는 《시사IN》의 2022년 조사 결과에 따르면 한국인은 정부 주요 기관들을 불신하고 있다. 공적 기관에 대한 신뢰도는 조사가 시작된 2007년 이래 코로나19 팬데믹 초반 시기처럼 일부 특별한 이벤트에 의한 일시적 변동을 제외한다면 큰 변화 없이 낮게 지속되고 있다. 그렇다면 한국 사회는 저신뢰 사회인가?

신뢰와 불신이 얽힌 한국인의 독특한 특성을 정치학자와 사회학자들은 공적 신뢰와 사적 신뢰로 나누어 설명하기도 하고, 조금 더 세분화해 공적 신뢰를 일반 대인과 사회, 정부에 대한 신뢰로, 사적 신뢰는 가족과 친구, 이웃 등 비교적 가까운 사람과의 관계로 규명하기도 한다.[7] 신뢰를 구체적으로 정의하는 방법은 여러 가지가 있겠으나, 핵심은 한국 사회에서의 신뢰란 가까운 관계를 기반으로 형성되며 일반적인 대인 관계를 포함한 공

■ 불신 ■ 보통 ■ 신뢰 ■ 모름·무응답

	신뢰도 점수	불신	보통	신뢰	모름·무응답
용산 대통령실	3.42	57.9	14.9	25.7	1.5
국회	3.32	59.8	27.0	12.2	1.1
대법원	4.26	40.0	30.1	26.3	3.6
검찰	3.66	54.7	17.3	25.9	2.1
경찰	4.39	43.4	32.3	22.9	1.4
국가정보원	4.07	43.1	29.7	19.8	7.4
국세청	5.03	28.6	32.4	33.8	5.2
감사원	4.40	38.5	28.8	26.8	5.9
질병관리청	5.12	33.1	22.7	41.7	2.5

2022 시사인 주요 국가기관 신뢰도
(신뢰도 점수: 전혀 신뢰하지 않는다 0점~매우 신뢰한다 10점)

적 영역에서는 그만큼의 신뢰가 구축되기 어렵다는 것이다.[8]

미국의 정치학자 로버트 퍼트넘이 친밀한 사람과의 신뢰를 '두터운 신뢰', 생판 모르는 타인과의 신뢰를 '얇은 신뢰'로 구분한 데 따르자면[9], 매우 좁은 주변 네트워크만을 대상으로 하는 한국인의 신뢰는 두터운 신뢰에 치우쳐 있다. 특히 이 믿음의 정도는 자기 자신과의 연관성 혹은 친밀도에 따라 달라진다. 그래서 어느 정도 낯익은 지인이나 단골에 대해서는 긴밀하고 자주 보는 사이가 아닐지라도 기본적인 신뢰를 보여준다.

그러나 그 외 타인을 대할 때는 일단 '경계모드' 스위치부터 켜고 본다. 우리라고 부를 수 있는 사람들과 그 경계 밖에 있는 사람들 사이에는 아주 큰 신뢰의 갭이 존재하며, 한국 사회에는 그 갭을 줄여줄 사회적 자본의 필수 구성 요소인 얇은 신뢰가 매우 부족하다. 사회 관계의 끈이 매우 얇아서 끊어지지 않을 정도로 거우 유지하고 있다고도 할 수 있다.

2020년 3월 코로나19 팬데믹 초기에 한국리서치가 진행한 '코로나19 극복과 사회적 신뢰 여론조사'는 그 취약성을 잘 보여준다. 응답자의 절반 이상이 자가 격리 시 집안일을 부탁하거나 생계 곤란 해결을 위해 돈을 빌릴 만한 사람이 없다고 대답했다(각각 54퍼센트, 53퍼센트). 공적 기관에 대한 기대치는 더욱 낮아서 70퍼센트가 자신의 기본 생활 혹은 생계에 대해 공공의 도움을 받을 수 없다고 생각했다. 당시는 초중고등학교 개학이 연기되면서 교육 현장의 문제뿐만 아니라 보육 공백 역시 큰 사회 이슈로 떠올랐던 시기인데, 갑작스럽게 보육 부담 가중을 떠안은 학부모들 중 절반 이상은 도움을 전혀 받지 못했다고 답했다. 또 도움을 받은 경험이 있는 사람들일지라도 대부분 가족 범위 내에 한정되었다.

사실 꼭 코로나19라는 변수를 넣을 필요도 없다. 육아 문제는 코로나 이전에도 존재했고 앞으로도 계속될 것이다. 육아를 잘해내기 위해서는 개인이 가정 내부에서 수행하는 역할이 그 사람의 사회적 역할과 충돌하는 지점을 국가가 잘 보듬어주어야 하는데, 개인의 사회 활동이 과거와 달리 활발해진 현대로 넘어와서도 우리 사회는 육아를 오롯이 개별 가정의 책임으로 돌려왔다. 꼭 보육과 교육 관련 문제가 아니더라도, 삶에 어떤 어려움이 닥쳤을 때 대다수 한국인에게는 도움을 청할 만한 곳이 없으며 모든 일을 혼자 감당해야만 하는 상황에 처하는 경우가 많다.

핵심은 타인이나 사회, 국가가 나를 도울 것인가에 대한 신뢰가 부족하다는 점인데 최근 들어 갑자기 생겨난 현상은 아니다. 2011년 OECD가 '더 나은 삶 지수'를 제시한 이래 힘든 상황에서 도움을 요청할 수 있는 사람이 있는지를 묻는 사회적 관계망 지표에서 한국은 대부분 하위권에 머물렀다.[10]

오히려 시간이 흐를수록 상황은 악화되어 가는 듯 보인다. 현대사회를 살아가는 우리의 위기는 선조들이 국가를 대신해 기대고 의지할 수 있었던 지역·마을 공동체가 이제 거의 존재하지 않는다는 점에서 더 크게 다가온다. 사회 안전망의 부재와 더불어 사람들은 각자 마음속에 불신을 품은 채 고립되어 '섬'이 되었고, 이 섬에 자유롭게 출입할 수 있는 권한은 오직 가족에게만 주어진다. 이것이 많은 사람이 지적하는 불신 사회의 본질이라 할 수 있는데, 이러한 낮은 수준의 신뢰는 필연적으로 불안을 조장할 수밖에 없다.

비교 기반 저신뢰 사회에서는 불안이 기본값이다. 삶의 행복과 만족을 자기 자신의 모습에서 찾지 못하고 일단 남들과의 비교 필터를 거쳐야 하기 때문에 정서적 안정을 취하기 매우 어렵다. 이대로 계속 뒤처질까 봐, 올라가지 못하고 따라잡지 못할까 봐 초조하다. 또한 한번 삐끗하면 나락 가니 더 나아지지는 못할지언정 최소한 현재 생활 수준만큼은 유지해야 한다는 마음에 늘 조마조마하다. 어쩌면 불안을 넘어 공포라고 표현해도 무방한데, 상위 10~20퍼센트라고 해도 이러한 부정적 심리를 떨쳐내기란 어렵다. 그러니 잘살면 잘사는 대로 못살면 못사는 대로, 각자의 현재 사회경제적 수준에 관계없이 늘 불안을 안고 살아갈 수밖에 없다.

의문이 하나 남는다. 그렇다면 우리가 앞서 살펴본 고신뢰는 대체 어디에서 온 것일까? 한국리서치의 코로나19 조사에서도 빈약한 사회적 관계를 나타내는 각종 지표와는 달리, 응답자의 61퍼센트가 '우리 사회가 신뢰할 만하다'고 느꼈다. 어쩌면 이런 한국인의 심리를 남들 눈치 보는 성향에서 찾을 수도 있을 것 같다. 이기적으로 자신의 이익만을 추구했다가 적발되었을 때 쏟아질 비난의 리스크를 생각해 보라. 유명인이라면 사회적 사망 선고를 받을 테고, 이름이 알려지지 않은 사람이라면 평생 접해볼 일 없었던 뉴스의 중심이 되어 폭격을 맞는다(코로나19 초기 동선을 속였던 일부 확진자들을 떠올려보면 쉽게 이해할 수 있다).

마스크를 철저히 착용하고 사회적 거리 두기를 준수하며 카페에서 소지품을 훔쳐가지 않는 것은 물론 성숙한 시민 의식

덕분이지만, 더불어 사회 기준에 부합하지 않는 행동이 가져다 주는 이익이 그리 크지 않으며 굳이 리스크를 감수할 정도의 가치가 없어서기도 하다. 단순히 CCTV 때문에 절도가 일어나지 않는다는 의견은 유독 자전거 도난이 많이 발생하는 이유를 설명해 주지 못한다.

어쨌든 공정하면 된 거 아냐?

아파트 단지 입구에 자리 잡은 초등학교를 늘 지나친다. 어쩌다 하교 시간에 학교 앞을 지날 때면 수업을 마친 아이들이 교문 앞 도로에 늘어선 노란색 승합차들로 뿔뿔이 흩어지는 모습을 볼 수 있다. 영어, 수학, 피아노, 태권도 등 다양한 이름표를 붙인 차량은 아이들을 바로 학원으로 실어 나르고, 밤늦은 시간이 되어서야 집 앞에 내려준다. 아이들은 일주일 내내 꽉 찬 일정을 소화하고 주말에도 학교에만 가지 않을 뿐 학원에서 영어 문장을 외우거나 독해 문제를 푼다. 친구들과 놀거나 제대로 쉴 수 있는 시간은 거의 없다.

2010년 '한국 어린이·청소년 행복지수'에 따르면 자신의 삶에 만족한다는 청소년은 53.9퍼센트로 84.8퍼센트를 기록한 OECD 26개국 평균과 현격한 차이를 보였다.[11] 한국 어린이와 청소년들은 삶의 만족도, 건강, 학교생활 만족, 어울림, 소속감, 외로움을 합산한 '주관적 행복' 지수에서도 비교 대상 국가 중 최하위에 머물렀다. 초중고를 막론하고 과도한 학업 스트레스를 호소했는데, 초등학교 5학년 중 절반가량과 중학교 1학년 중 70퍼센트 가까운 학생들이 학업 관련 스트레스가 심하다고 답했다. 이는 학년이 높아질수록 증가해 고등학교 3학년의 경우 80퍼센트 이상이 학업 관련 스트레스를 받는다고 답변했다.

그로부터 10년, 조금은 달라졌을까? 2021년 같은 조사 결과 우리나라 어린이와 청소년들의 주관적 행복지수는 조사 대상 OECD 22개국 가운데 최하위를 기록했다.[12]

어려서부터 무한 경쟁에 내몰리는 아이들이 행복할 수 있다면 그것이 더 이상하다. 2017년 한국, 중국, 일본, 미국 대학생에게 자국 고등학교와 가장 어울리는 이미지를 물었을 때 한국 대학생은 응답자의 80.8퍼센트가 '사활을 건 전장'을 선택했다(함께하는 광장 12.8퍼센트, 거래하는 시장 6.4퍼센트). 중국, 일본, 미국 대학생은 각각 41.8퍼센트, 13.8퍼센트, 40.4퍼센트만 전장을 택해 한국 응답자의 인식과 큰 차이를 나타냈다.[13] 같은 해 서울시교육청의 연구에 따르면 중학생 셋 중 하나가 일요일에도 학원에 다니고 있었다.[14] 2000년대 이후 주 5일 근무제가 정착된 지 오래임에도 대중과 언론의 관심에서 벗어난 아이들은 점점 더 주 7일 학습에 내몰리고 있다.

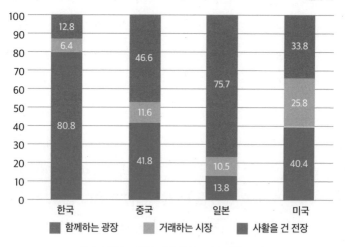

(단위: %)

자국 고등학교 이미지에 대한 4개국 대학생 인식

한때는 그래도 입시만 통과하면 된다던 시절도 있었다지만, 이제는 그런 적이 있었나 싶을 정도로 경쟁이 평생 이어진다. 대학에 들어가면 학점, 자격증, 어학 점수 등 좋은 스펙을 만들어 구직 시장에 뛰어들 태세를 갖춰야 하며, 수백 대 일의 경쟁률을 뚫고 취업에 성공해도 성과에 대한 압박과 승진 경쟁이 계속된다. 평생 직장 개념이 사라지면서 이제는 모두 생존을 위해 남보다 뒤처져서는 안 된다는 생각을 품고 일상을 살아낸다.

그러는 사이 사람들은 더욱 경쟁에 내몰리는 동시에 승자 독식 체제를 내재화한다. 현재 사회 체계에 힘겹게 적응하는 한편 자본 시장의 판결을 받아들이며 어떻게든 살아남기 위한 최선의 방도를 강구한다. 이는 은퇴 후라고 달라지지 않으며 심지어 누가 더 좋은 묘지를 차지하는가 하는 '명당 경쟁'에 이르기까지, 한국 사회를 살아가는 모든 이에게 경쟁은 죽어서까지도 피할 수 없는 일이 되었다.

낮은 신뢰 수준이 낮은 불안한 일상 속에서 경쟁을 내면화한 사람들이 얻고자 하는 것은 무엇일까? 막연히 경쟁의 승자가 되어 큰 부자가 되거나 높은 사회적 지위에 오르기를 원한다고 생각하기도 하지만, 모두가 엄청난 성공을 바라지는 않는다.

대부분의 사람은 잘릴 걱정 없이 직장에 다니고, 일을 하며 얻는 대가가 자신의 노력에 맞게 주어지며, 먹고사니즘에 매여 인생을 낭비하기보다는 자신이 진정으로 원하는 일을 선택할 수 있기를 바란다. 강남의 50~60평대 아파트에 살아도 좋겠지만, 꼭 그렇지 않더라도 내 가족의 보금자리 정도는 있었으면 한다. 다음에는 또 어디로 이사를 가야 하나, 이번 계약은 연장이 될까, 전세금은 얼마나 올려줘야 하나 같은 걱정 좀 덜 하고 살기를 원한다. 이것이 양질의 일자리, 공정한 보상, 소득 불평등 완화와 주거 안정이라는 딱딱한 단어에 숨겨진 진짜 모습이자 사람들의 진정한 욕구이며, 공정하고 정의로운 세상의 다른 이름이 아닐까.

그러나 이러한 '평범함'이 한국 사회에서는 평범하지 않은 것이 된 지 오래다. 우리는 이 장의 앞부분에서 사람들이 원하는 중산층의 삶과 높아진 기준에 대해 이야기했다. 일자리와 주거지를 포함해 다수가 갖고 싶고 누리고 싶은 것들은 비슷하지만 그러한 삶의 기회가 모두에게 주어지지는 않는다. 경쟁은 피하고 싶다고 피할 수 있는 것이 아니다. 주변을 돌아볼 여유조차 갖지 못하고 매일 앞만 보고 달려야만 겨우 나와 내 가족의 안위를 지킬 수 있는 세상이다. 아니, 그렇게 해서 지킬 수만 있다면 다행일지 모른다. 노력하면 잘살 수 있으리라는 희망이 점점 사라지고 있기 때문이다.

더불어 다름을 존중하지 않는 사회 분위기는 불안과 경쟁의 강도를 더한다. 한국 사회에서는 남들과 다르게 살 수 있는 공간이 매우 부족하고, 저마다 원하는 만큼 자신만의 방향을 추구하는 삶은 허용되지 않는다. 멋모르고 남들과 다른 길로 빠졌다간 죽도 밥도 안 되고 시기만 놓치다 '루저'가 되기 일쑤다. 자연스럽게 물질적이고 외형적인 성공을 제공해 줄 가능성이 그나마 존재하는 매우 제한된 진로에 대부분이 몰린다. 이렇게 대안이 없는 사회에서 경쟁이 심화하지 않는다면 오히려 이상한 일일 테다. 한 번만 미끄러져도 회복하기 쉽지 않은 상황에서 여기서 더 밀리면 끝이라는 인식이 불안을 가중하고 사람들을 경쟁의 장으로 끊임없이 내몬다.

이런 사회에서는 남들보다 낫거나 최소한 뒤처지지 않는

삶을 살기 위한 '자격'이 무엇보다 중요하며, 그 자격을 얻기 위한 '기회'는 공정한 방식으로 주어져야 한다. 이제 사람들은 불평등과 부정의를 야기하는 사회 체제와 구조에 대한 비판 대신 정해진 규칙을 준수하고 객관성을 담보하라고 요구한다. 그리한 목소리의 진짜 모습은 내가 사다리를 타고 올라가 승자가 되고 싶다는 욕망이다. '내가 성공할 기회', 최소한 남들보다 뒤처지지 않고 나와 내 가족을 지킬 기회를 빼앗지 말라는 뜻이다.

이것이 오늘날 시험이야말로 모두가 납득하는 유일한 절차로 받아들여지는 이유이자, 시험을 치를 수 있는 공정한 기회가 중요하며 그 과정을 통과해 자격을 획득한 사람과 그렇지 못한 사람 사이에 발생하는 차이를 당연하게 여기는 인식이 일어나는 근본 원인이다.

"너를 밟고 올라가기 위한 치열한 경쟁, 그러나 어쩔 수 없다. 나는 공정한 절차를 거쳐 여기까지 올라온 것이니까." 경쟁을 내면화한 채 사다리를 올라가려 애쓰는 수많은 사람에게 이러한 약육강식 각자도생 생태계의 책임을 지울 수만은 없다. 결국 이들이 공정을 부르짖는 이유는 불안과 불신에 맞서 스스로를 지키기 위해서다. 실상 그 공정한 기회를 통해 얻고자 하는 궁극적인 지향점은 평범하고 안정적인 삶이다. 다시 말하면 이장에서 강조해 온 중간과 평균, 혹은 사회적 적정선을 유지하고자 하는 희망이라고도 할 수 있다.

공정은 2030 혹은 MZ세대라 지칭되는 특정 세대만의 문제가 아니다. 누구도 믿을 수 없는 세상, 아무것도 보이지 않는 미래를 향해 한 발짝씩 나아가며 어떻게든 살아남아야만 하는 한국 사회 모두의 문제다.

사회구조적 문제를 풀어내는 것이 무엇보다 중요하겠으나 난망하다. 양질의 일자리 창출, 소득과 자산 격차 완화, 안정적인 주거 공급 등 우리 사회가 지금껏 이야기해 온 모든 과제는 인간다운 삶을 위한 기본이자 당장 해결해야 할 중요한 문제이다. 그러나 그 대책에 관한 논의(혹은 공정 담론)는 본질적인 개선 노력 대신 기존 체계 안에서 어떻게 기회를 나누고 부여할 것인가에 초점을 맞추어 왔다. 평등한 출발선을 만들어가는 노력은 매우 중요하며 앞으로도 계속되어야 하나, 이것만으로는 부족하다. 공정한 기회라는 것이 실질적으로 구현되기 매우 어렵다는 점을 차치하더라도, 애당초 기회 자체가 지극히 제한적이기 때문이다.

아무리 기회를 공정한 방식으로 부여한다 한들 바늘구멍처럼 좁은 성공의 문을 뚫고 나가는 사람보다 그렇지 못하는 사람이 훨씬 많을 수밖에 없다. 다수의 패배자를 양산하는 체제가 지속 가능하지 않다는 지적은 전혀 새롭지 않다. 하지만 사람들이 좁고 한정적인 기회에 매달려 그 공정성을 두고 갑론을박하는 사이, 성공을 다각화해 실질적인 삶의 다양성을 보장해야 한다는 목소리는 사라지고 대다수를 실패자로 몰고 가는 근원적 시스템만이 그 자리에 남아 견고하게 돌아가고 있다. 이런 환경에서 개인이 무엇을 할 수 있을까? 구조를 바꿀 수 없는 나약한 존재인 우리에게 남은 유일한 선택지는 현 시스템에 순응하고 살아남기 위해 극한 경쟁의 불구덩이 한가운데 자기 자신을 던지는 것이다.

이 치열하고 각박한 경쟁 사회에서 승자라고 마냥 행복하기만 할까? 내가 어렵게 노력해 얻어냈다고 믿는 모든 것이 내 손에서 다시 빠져나가지 않을지 경계하고 쉴 틈 없이 달려야 하는 삶은 정상인가? 실재적 또는 잠재적 경쟁자로 만나는 사람들을 믿고 신뢰한다는 것이 과연 가능할까? 끝없는 경쟁 과정에서 소모되는 물적·정신적 비용은 어찌할 것인가? 현재 시스템 전체를 하루아침에 바꿀 수는 없기에 어느 정도는 안고 가야하지만, 변화를 향한 노력을 내려놓아서는 안 된다.

공정한 기회가 그렇게나 중요하다면, 결과의 차이를 만회할 두 번째, 세 번째 기회 역시 부여할 수 있어야 한다. 더 나은 내일을 위한 건강한 경쟁 대신 모두가 뒤처지지 않기 위한 생존투쟁에 뛰어들어야만 하는 체제에서는 승자도 패자도 행복할 수 없다.

Chapter

3

한국형 성공에 얽힌 욕망,
잠복기는 끝났다

'부'는 나와 내 가족의 행복을 추구하고 삶의 전반적인 만족도를 높이기 위한 수단이지만 현재 우리에게 경제적 자유는 인생에서 꼭 달성해야 할 목적 그 자체가 되었다. 돈 이외에는 믿을 것이 없고, 숫자로 나타나는 조건 외에는 의미를 부여하지 못하는 사회에서 사람들은 자신들이 소유한 물질적·외형적 가치에 기반해 결핍을 해소하고 욕망을 충족하려고 한다.

만족을 위해 남들보다 무엇 하나라도 나은 점을 찾아야 하는 삶에서는 비교를 피할 수 없다. 사회적 '표준'을 충족하기 위해 중간은 가야 하고 평균은 넘어야 한다는 강박이 생겨나고, 그 핵심은 단순히 남들보다 잘하는 것이 아닌 최소한 다른 사람만큼은 해야 한다는, 뒤처지지는 않아야 한다는 것이다. 자산 축적과 소비를 통해 이러한 욕구를 충족하고 사회경제적 지위와 계급 등 정체성을 확인하는 한편, 남과 비교해 우월감을 느끼고 또 다른 사람을 질시하며 상대적 박탈감에 시달리기를 반복한다. 이는 사회적 자아로서의 생존 투쟁이며, 타인이 곧 잠재적 위협으로 인식되는 낮은 신뢰 수준을 가진 사회에서 사람들은 늘 불안하고 경쟁에 내몰린다. 사회 구조에 대한 성찰과 비판이 사라진 자리에는 제한된 기회를 공정하게 제공하라는, 내가 일단 살고 보자는 목소리만 남는다. 불행은 곧 필연이다.

눈에 보이고 손에 잡히는 대상에만 의미를 부여하며 그 값어치를 견주어

남들보다 뒤처지지 않음을 확인하고 나서야 비로소 만족하게 되는 일차적인 이유는 자신의 가치를 발견하고 내면의 만족을 누리지 못하는 데서 찾을 수 있다. 새삼스럽게 다시 강조할 필요가 있을까 싶을 만큼 이미 많이 들어본 이야기지만 실천은 여전히 어렵다. 왜 그럴까? 개인의 고유한 면모를 내보였을 때 주변 집단과 사회에서 오롯이 받아들여진 경험이 많지 않은 탓이다. 곧 우리가 서로의 다름을 받아들이지 못하기 때문인데, 이러한 사회 규율은 굉장히 견고하게 내재되어 있어서 자신의 모습을 상대방이 온전히 알아주지 못한다고 원망하면서도 상대를 있는 그대로 인정하지는 못하는 자신의 모습을 발견하게 된다.

한국인들은 왜 각자의 고유한 면모를 받아들이기 어려워하는가? 왜 비교에서 벗어나지 못하고 항상 남들의 시선을 의식하는가? 왜 모두가 유사한 형태의 주입된 사회적 욕구만 좇을까? 우리가 앞 장에서 살펴본 뒤처지지 않고자 하는 욕망과 외적 가치를 기반으로 하는 결과 중심 성향은 어디에서 왔을까?

현대사회를 살아가는 우리의 욕망이 광복 이후 산업화를 거치는 동안 (상대적으로 최근에) '갑자기 생겨나지는 않았으리라'는 생각에서부터 이 질문들에 관한 나름의 답을 구해보려고 한다. 여러 요소가 오랜 시간에 걸쳐 서로 얽히며 영향을 주고받는 과정에서 천천히 진화해 왔을 것이다. 근대 이전에는 어땠을까? 선조들의 모습에서 우리와 비슷한 욕망을 발견할 수 있을까?

나는 한국 사회를 정의하거나 한국인이 가진 특성을 집대성하려는 것이 아니며, 역사 흐름 속에서 하나의 정답을 건져 올리거나 역사적 진실을 규명하려는 것도 아니다. 이러한 여러 의문을 한두 가지 측면으로 말끔하게 정리해 설명하는 것은 불가능에 가까울뿐더러, 일정 부분 한국인에게만 적용된다고 할 수 없는 보편적 인간의 성향이기도 하다. 다만 우리 사회가 오랫동안 우리의 문제라고 늘 인식하고 있던 질문들에 대해 하나의 해석을 해보고 싶었다.

우리는 종종 '이해하기는 어렵지만 당연하게 생각하며 때로는 쿨하게 인정하면서도 혐오하는' 것에 대해 이야기하는데, 대개 "한국인들은 원래 그렇잖아, 한국인 '종특'이지 뭐"라며 민족적 특징으로 환원하는 경우가 많다. 이렇게 설명하면 굉장히 편리하지만 실상 '원래 그런 것'은 없다. 우리가 가진 특성을 민족성으로 부를 수도 있겠으나 이 개념이 적절한가에 대해서는 조금 더 고민이 필요하다. 한민족의 DNA에 새겨진 속성이라기보다는 우리가 현재 발 딛고 선 이 땅에서 살아온 사람들이 여러 세대를 거치는 동안 자연스럽게 형성해 공유하고 세습해 온 생활 양식 정도로 이야기할 수 있을 것 같다.

우리의 질문들은 결국 한국 사회의 욕구와 욕망이 어디에서 왔는지로 수렴한다. 2020년대 한국인의 사회경제적 욕망은 어디에 뿌리를 두고 있는가? 우리가 각자의 내면이 아닌 사회가 부여한 욕망을 좇는다면, 사회가 인식하는 바람직한 성공의 역사적 형태를 추적해 보는 일은 좋은 출발점이 될 것이다. 전근대와 현대를 관통하는 성공 방정식이 있을까? 있다면 어떤 모습인가? 우리의 논의는 이제 이 질문에서 다시 시작한다.

한국형 성공 방정식을 찾아서

신분제 사회 최고의 성공

21세기 한국인들이 가진 사회경제적 욕망의 근원은 무엇일까? 현대사회 들어 갑작스럽게 생겨난 것일까, 혹은 유라시아 대륙의 동쪽 끝 반도에서 대대손손 살아온 사람들의 머리와 가슴에 새겨진 욕망의 발현일까? 그 역사적 발자취를 낱낱이 추적해 올라가는 일은 이 책의 과업이 아닐 듯하지만, 신분제에 기반한 계급사회이자 백성 대부분이 농업에 종사했던 전근대 사회에서 '성공'이란 어떤 모습이었을지 살펴보는 작업은 의미가 있을 것 같다. 그 시대에 한 개인 혹은 집안의 성공을 판별하는 기준은,

그리고 잘 산다는 것이란 무엇이었을까?*

철저한 유교 신분제 사회에서 성공이란 입신양명이라 할 수 있다. 곧 과거에 합격하고 관직에 나아가는 것이다. 높은 직책과 권위를 갖는 자체만으로도 큰 특권이나, 양반**의 사회적 권세와 경제적 여유를 지속적으로 유지하고 강화할 수 있게 하는 핵심 수단은 토지와 노비였다.[1]

농업이 주가 되는 전근대 사회에서 토지소유권은 매우 중요하다. 땅을 가지고 있으면 그 자체로도 재산이지만 소작을 주고 대가를 취할 수 있기 때문이다. 왕에게 하사받은 농토를 농민에게 빌려주면 양반들은 (대)지주, 농민들은 소작인이 되는데, 조선 전기에는 토지를 빌린 대가로 지불해야 하는 소작료가 무려 수확량의 절반(병작반수제)이었다. 조선 후기에 이르러 소

---

* 논의 범위를 조선 중·후기, 길게는 전기에 한정하며 그 이전까지 거슬러 올라가지 않는다. 특정 생활 양식이나 사회적 관습이 언제부터 존재했는지 알아내기 위함이 아니기 때문이다. 이전 시대부터 전해졌든, 중간에 없어지거나 대체되었든, 이 시기만 살펴보아도 현대사회에 미친 영향을 파악하는 데는 충분하다고 판단했다. 예를 들어 과거는 고려 때 시작되었지만 이 책에서 고려와 조선의 비교를 할 필요는 없다. 또 신라나 고려 문화의 영향이 조선을 건너뛰고 현대로 전승되는 건 불가능하며, 남아 있는 관습이 있다면 조선을 거쳐 내려왔을 것이다. 이러한 면면을 다 살피는 것은 이 책의 목적이 아니며 논의에 유의미한 영향을 미치지 못한다.

** 양반은 애초 문관(문반)과 무관(무반)을 합쳐 부르던 용어였으나 시간이 흐름에 따라 계급 피라미드 꼭대기를 의미하게 되었다. 따라서 엄밀히 '양반 = 과거 급제'라고 할 수 없으나, 양반의 사회경제적 특권 유지에 과거 급제 여부가 매우 중요했다는 점을 고려한다면 그 차이를 깊이 밝히지 않아도 이 책의 논의에는 큰 문제가 없을 것이다.

작인에게 다소 유리해지긴 했으나(도조법) 여전히 수확량의 3분의 1가량을 바쳐야 했다.

소작을 준 땅이 아니더라도 농사는 오롯이 노비들의 몫이었다. 평소 노비들이 농사와 집안일을 도맡아 한 덕분에 양반은 고단한 생산 활동에 직접 종사하지 않고 경전을 읽고 쓰며 지배층으로 군림할 수 있었다. 노비는 토지와 함께 가장 중요한 재산이었고, 따라서 양반들은 점점 더 많은 땅과 노비를 확보하려 했다. 여러 사극에서 한두 번쯤은 대감마님들이 노비를 함부로 대하는 것은 물론, 다른 양반집에 팔아버리거나 '법도를 어긴' 노비를 때려죽이는 장면을 보았을 것이다. 그들에게 노비는 같은 사람이 아니라 재물에 불과했으며, 양반을 '양반으로' 완성해 주는 동시에 그 지위를 누리게 해주는 핵심 기반이었다.[2]

입신양명이 주는 혜택은 이에 그치지 않는다. 양반이라 해서 국가에 대한 의무가 없지는 않았으나, 관직에 이미 올랐거나 입직을 준비하는 학생에게는 군역 또한 면제되었다. 게다가 양반은 양인과 달리 각종 특수군에 들어갈 수 있는 특전을 가졌다.[3] 즉, 본인이나 가까운 직계가족이 과거에 급제해 양반 신분을 유지하게 되면, 가만히 앉아 있기만 해도 노비들이 일을 다 해주는 것은 물론 소작의 대가로 곳간을 그득하게 채우며, 낮은 신분 사람들이 힘들게 군 복무를 할 동안 자신은 면제받거나 편하게 복무하는 것이다. 그리고 이러한 특권을 계속 유지하기 위해 국가 권력을 장악하고 제도적 기반을 마련해 피지배계급을 더욱 속박했다.

이에 더해 지배계층은 더 크고 은밀한 이득을 챙길 수도 있었다. 수리 관개 시설처럼 대규모 토목공사를 할 경우, 사업 과정에 개입하거나 사업권을 획득하는 등 여러 방면으로 국가의 재원을 가져올 수 있기 때문이다. 지방 관리와 (그들과 밀접한 네트워크를 구축하는) 지역 유지들은 자신들의 초기 투입량 이상의 결과물을 차지하게 되었으며, 내부 사정을 미리 파악해 국가 자원을 더 많이 활용할수록 사회경제적 지위를 더욱 탄탄하게 다질 수 있었다.[4] 이렇게 국가(중앙정부 및 지방자치단체) 주도 인프라 사업을 수주해 막대한 이익을 남기는 방식은 바로 지금 이 순간에도 완전히 같은 구조로 시행되고 있다.

이 정도니 '입신양명'하지 않고 배길 재간이 있나? 과거에 급제해 관직에 나아간다는 것은 단순히 사회적으로 인정을 받고 출세해 이름을 세상에 드날리고 부모를 영광되게 한다는 유교적 가치의 실현 그 이상이다. 통과하기란 매우 어렵지만 어떻게든 그 바늘구멍을 뚫어내기만 하면, '인생에 단 한 번 시험에 합격'하기만 하면 그저 만사형통, 로또도 이런 대박이 없다.

입신양명이라는 '성공'을 향한 사람들의 욕망을 대변하듯 조선 시대 과거 시험의 경쟁률은 실로 무시무시했다. 대표격인 문과는 총 다섯 번에 걸친 시험을 통과해야 비로소 '급제'를 할 수 있는데 성적순으로 총 33명을 뽑았다. 1894년 갑오개혁 때 폐지되기까지 조선왕조 500여 년 동안 총 848회 시행된 과거의 합격자는 약 1만 5000여 명에 불과했으며 평균 응시자는 6만 3000여 명, 평균 경쟁률은 약 2000 대 1에 달했다.[5]

《정조실록》은 1800년 3월에 시행된 과거에 대해 이렇게 기록하고 있다.

"21일의 경과(초시)는 세 곳으로 나누어 치렀는데 총 응시자는 11만 1838명에 달했고, 시권(답안지)을 바친 자는 모두 3만 8614명이었다. 다음 날의 인일제(유생들을 대상으로 치른 특별과거) 응시자는 모두 10만 3579명이었고, 시권을 바친 자는 3만 2884명이었다…."

첫날 경과에서 열 명, 둘째 날 인일제에서 두 명이 합격했다고 하니, 경쟁률은 각각 1만 1184 대 1(제출된 답안지 개수를 토대로 매긴 실질 경쟁률은 3861 대 1), 5만 1790 대 1(실질 경쟁률 1만 6442 대 1)에 이른다.[6]

인사혁신처에 따르면 2022년 5급 공채와 외교관후보자 시험의 평균 경쟁률이 38.4 대 1이었으며, 7급은 42.7 대 1, 9급은 29.2 대 1이었다. 범위를 넓혀보면 최근 30년 동안 9급 공무원 공채 경쟁률이 가장 높았던 시기는 2011년으로 93 대 1을 기록했다. 최근 공무원 인기가 예전만 못하다고는 해도, 합격 문턱을 넘기 어려워 몇 년간 시험 준비에 매진한다는 공무원 시험의 경쟁률이 현재는 30 대 1에서 40 대 1, 가장 높았을 때도 100 대 1을 넘지 않았다. 물론 이 숫자가 만만하다는 뜻은 아니다. 그러나 이를 통해 예전 과거 급제의 어려움, 그리고 그 시험에 합격하기 위해 매진했던 선조들의 노력이 어느 수준이었는지 가늠해 볼 수 있다.

그런데 이것은 이길 확률이 매우 떨어지는 게임이다. 위험이 큰 만큼 성공하기만 하면 모든 리스크를 상쇄하고도 남을 정도로 거대한 보상이 주어지지만, 평균 25~30년에 달하는 준비 기간 동안 경전과 씨름해야 하는[7] 기회비용에 비해 합격 가능성은 매우 낮다. 즉 가성비가 좋다고는 할 수 없는 경쟁이다.

하지만 극악의 경쟁을 뚫고 한 번 붙기만 한다면 급제자는 물론 가족 전체, 넓게는 가문과 씨족 전체가 최소한 몇 대는 걱정 없이 놀고먹을 수 있는 온갖 특권이 주어진다. 그리고 그 시간 동안 가문 내에서 또 다른 과거 급제자를 배출하기 위한 시간과 물적 지원을 아낌없이 투입할 테니, 당연하게도 계속 자신들의 사회경제적 특권을 유지할 가능성도 높아진다(이는 현대사회에서 나타나는 상위 계층의 세습 노력과도 유사하다).

전근대 과거 급제자를 배출한 집안이 가져갔던 혜택은 현대사회에서 고시 합격자나 대기업 정규직이 갖는 혜택과 비교조차 되지 않을 정도였다. 그러니 전국의 모든 가문에서 과거에 급제하기 위해 오랜 기간 엄청난 시간과 노력, 에너지를 투자했다는 것, 그 결과 어마어마한 경쟁률을 기록했다는 것은 그리 놀랄 일도 아니다.

철저히 신분제를 기반으로 구성된 계급사회에서 최고의 성공이 과거에 급제해 나랏일을 수행하고 임금으로부터 토지와 노비를 하사받아 사회경제적 지위를 공고히 다지는 것, 즉 입신양명이라는 것에는 특별한 이견이 없어 보인다. 이러한 과거제도의 유산은 현재까지 살아남아 영향을 미친다. 각종 고시, 공채시험, 수능 등 사회 구석구석에 깔린 '시험을 통한' 간판 획득과 사회적 신분 상승 욕구는 물론, 인생의 주요 단계마다 배치된 각종 '평가'를 통과하기 위한 뜨거운 교육열과 경쟁 역시 현대적 입신양명의 연장선으로 이해할 수 있다.

그러나 이는 현대 한국 사회가 품은 사회경제적 욕망의 일부다. 우리가 가진 더 크고 전반적이고 근원적인 욕망들, 즉 숫자에 집착하고 돈과 자산에 달려들며, 남과 항상 비교하고 질시하는 동시에 남들에게 뒤처지는 것을 견디지 못하는 특성을 설명하기에는 부족하다. 입신양명은 접근할 수 있는 권한 자체가 제한적인, 곧 일반 백성 모두가 꿈꾸어볼 만한 성공과는 거리가 먼 일부 특권층의 성공 경로이기 때문이다.

다수가 비벼볼 만한 성공

그렇다면 우리 욕망의 기원을 찾기 위한 초점을 어디로 돌리면 좋을까? 한반도에 터를 잡고 살아가던 대다수 옛사람에게 조금이나마 진입 장벽이 낮아 시도해 봄직한 성공이란 무엇이었을까? 지배계층은 문과 급제에 몰두하거나, 꼭 그렇지 않더라도 무과나 잡과(중인 한정)에 응시하는 등 여러 기술과 재능을 활용할 수 있었다. 하지만 조선 사회 구성원의 대부분은 농민이었고, 구체적인 비율은 시기에 따라 다소 차이가 있으나 전체 인구의 80~85퍼센트 이상이 농업에 종사했던 것으로 파악된다.[8]

사농공상 기조하에서 공업과 상업은 농업보다 천대를 받았으니 선비가 될 수 없었던 대부분 인구가 농사를 지었으리라는 점은 쉽게 알 수 있다. 따라서 당시 농민에게 '인생의 성공'이(란 것이 있었다면) 과연 무엇이었는지 탐색해 가는 과정은 현재 한국인이 원하는 성공의 모습이 어디에서 왔는가를 짐작하게 해 준다.

이들에게 무엇보다 중요한 일은 밥을 굶지 않는 것이다. 먹고사는 문제, 즉 생존을 위한 기본 욕구가 채워지고 나면 다음 목표는 무엇일까? 농업 종사자들을 크게 소작농과 자작농의 두 부류로 나누어 이야기해 보자.

이 둘을 가르는 기준은 토지 보유 여부, 즉 크든 작든 '자기 땅을 가지고 있느냐'로 갈린다. 앞서 살펴보았듯이 소작농은 수확량의 절반을 소작료로 내놓아야만 했다. 정약용은 《여유당전서》에서 1800년대 초반 호남 지방 농가 100호 중 "다른 사람에게 토지를 주고 지대를 수취하는 자는 불과 5호이며 스스로 토지를 경작하는 자가 25호, 다른 사람의 토지를 경작하며 지대를 바치는 자는 70여 호에 달한다"라고 했다. 대략 70퍼센트가 소작농이었다는 뜻이다. 시기와 지역에 따라 소작농의 비율은 조금씩 차이를 보이지만[9], 적어도 일반 농민에게는 자신의 땅을 갖고 농사를 짓는다는 일조차 결코 쉽지 않았으리라는 점을 확인하는 데는 무리가 없다.

일 년 내내 아침부터 저녁까지 논에 나가 땀 흘려 일한 대가의 절반을 그냥 준다? 현대사회에서 기업이든 자영업이든 지출하는 비용 중 큰 비중을 차지하는 요소는 '임대료'인데, 건물이나 사무실 임차 비용이 총 매출의 50퍼센트라고 생각해 보라. 지금도 카페와 식당, 미용실 등을 운영하는 자영업자들이 인건비와 같은 고정비용을 절감하고, 고객 관리에 애를 쓰며 매출을 올리려고 노력해도 꼬박꼬박 나가는 월세가 오르면 답이 없다. 매달 임대료만 내지 않아도 훨씬 여유롭다는 이야기가 괜히 나온 것이 아니다. 그런데 단지 땅이 내 소유가 아니라는 이유만으로 벌어들인 돈의 절반을 내놓아야 한다면 누구도 납득하지 못할 것이다. 그러니 매년 소작료를 제한 나머지 절반만을 집으로 가져갈 수 있었던 소작농들은 (그래도 대감마님 덕에 소작이나마 할 수 있으니 굶지 않아 다행이라고 위안하면서도) 얼마나 속이 쓰렸겠는가.

이들에게 가장 큰 소원은 무엇이었을까? 당연히 자기 땅을 몇 마지기(논의 경우 통상 1마지기는 150~200평)라도 갖는 것 아니었을까. 넓지는 않아도 자기 땅이 있다면 소출량 전부를 오롯이 소유할 수 있으니 말이다. 일은 똑같이 했는데 가을 수확량이 두 배다? 땅만 있으면 먹지 않아도 배가 부르고, 흉년이 들어올해도 '보릿고개를 무사히 넘기지 못하면 어쩌나' 하는 걱정도 한결 덜할 수 있다.

만약 오랜 기간 알뜰살뜰 재산을 모으고 모아 마침내 땅문서를 손에 쥐었거나, 조상의 은덕으로 운 좋게 물려받은 땅이 있다면 이러한 소작료의 부담에서 해방된다. 이것만으로도 어느 정도는 '성공'했다고 볼 수 있다. 국가의 수취에서 완전히 자유로울 수는 없을지라도 본인 소유 농지가 있다면 농민의 상당 비율을 차지하는 다른 소작농보다는 최소 몇 걸음 앞서가는 것이다.

한국에서 중산층이 되기 위한 첫 번째 조건을 기억하는가? 바로 (부채 없는) 30평 이상의 아파트를 소유하는 것이다. 2023년 한국 사회 분위기에서는 자가 소유 아파트가 있는 사람이라면 그 요건 하나만으로도 어느 정도는 앞서간다고 할 수 있고, 만약 그 아파트가 대출을 끼지 않았다면 경제적 자유까지는 아니더라도 명실상부 자타가 공인하는 성공으로 받아들여질 수 있지 않을까. 자신의 토지를 가지는 것만으로도 성공적인 농민이 될 수 있었던 조선 사회와 자신의 아파트를 가지면 성공의 반열에 오를 수 있는 한국사회는 이렇게나 닮았다. 우리는 그들의 자랑스러운 후손임에 틀림이 없다.

그러나 자기 땅을 갖는 것만으로는 부족하나(만약 당신이 자기 아파트를 갖는다고 해도 그것만으로 만족하겠는가?). 여기까지 왔다면 이제 성공이란 소출량을 늘려 부를 축적하는 것이다. 여건이 허락한다면 명석한 아이 하나쯤 서당에 보내 과거 공부를 시킬 수도 있다. 그러나 농민들 중 과거 급제라는 성공의 급행열차에 오르거나 그럴 가능성을 가진 이들은 극소수에 불과하니, 대다수는 이제 수확량 경쟁에 돌입한다.

생산량 경쟁에서 가장 중요한 요소 역시 토지다. 자작농에게도 땅은 많으면 많을수록 좋다. 소유한 농지 면적이 넓을수록 가을 소출량 역시 매해 정비례하지는 않더라도 늘어날 것이다. 혼자서 경작하기에 힘이 부치더라도 큰 문제는 아니다. 가깝게는 자신의 씨족부터 마을공동체가 두레와 품앗이를 통해 자신의 농사를 도울 것이기 때문이다.

부를 축적하는 만큼 노비를 부려 농사를 맡길 수도 있고, 남는 땅은 소작을 주어 소작료를 챙길 수도 있으며, 이렇게 토지를 불려가다 보면 중소 규모의 지주가 될 가능성도 있다. 특히 임진왜란 이후 국토 복구를 위한 농지 개간에 신분 제한을 두지 않았기에 경제력을 갖춘 농민과 상인 등이 추가 경작지를 확보하며 지주로 성장해 나갈 수 있었다.[10] 농경 사회에서 토지 소유의 중요성은 양반과 상놈을 가리지 않았다는 것이다.

또한 더 많은 수확을 하기 위해서는 더 나은 농업기술이 필요하다. 왜란 이후 농지 개간 사업과 더불어 조선은 농업기술의 개량을 추진했고 농법, 시비법, 농기구 등 전 분야에 걸쳐 전기보다 크게 발전했다. 17세기 이후에는 담배, 인삼, 감자, 고구마 등 농산물의 상품화 물결을 타고 상업적 농업이 발전하게 되어 부를 축적할 수 있는 다양한 길이 열렸다.[11]

이렇게 토지 확보와 생산량 증대, 상품작물 재배를 통해 부를 쌓은 농민들은 웬만한 양반보다 더 나은 삶을 살았다. 실제 지주에게 땅을 빌려 농사를 짓거나 날품팔이를 하던 몰락한 양반도 있었던 반면, '상놈'이면서도 자신들의 재산을 바탕으로 양반 못잖은 권세를 누린 부농도 있었다. 그렇다면 이제 이들의 욕구는 어디로 향할까? 과거에는 감히 쳐다보지도 못했던 대감마님들이 이제 우스워 보이지 않을까? 내가 저들보다 못할 것이 무엇인가? 이전에는 상상조차 할 수 없었던 신분 상승의 욕망이 꿈틀거린다.

임진왜란과 병자호란을 겪고 나서 조선 정부는 전후 재건을 위해 합법적인 신분 상승 기회를 마련했고, 전투에서 공을 세우거나 재물을 나라에 바친 이들에게 양반 신분을 부여했다. 이제 돈으로 관직과 신분까지 살 수 있게 된 것이다. 조선 후기 나타난 부농과 상업 자본가, 독립 수공업자 등 부를 축적한 신흥 계층은 족보를 사거나 위조해 양반이 되었다. 그리고 기존의 양반들이 독점적으로 누려왔던 특권, 즉 군역을 면제받고 더 큰 부를 쌓는 과정의 편의를 획득하는 한편 양반의 수탈을 피해 지역 사회에서 떵떵거릴 수 있었다.[12]

토지든 산출량이든, 결국 중요한 것은 부의 축적이다. 더 넓은 토지에서 더 많이 수확한다면 잉여 수확물을 곳간에 비축할 수도, 팔아서 부를 얻을 수도 있다. 그리고 이 부는 다시 땅을 사는 데 쓰인다. 나아가 돈으로 관직과 신분을 사는 길도 열렸다. 돈으로 양반님 행세까지 할 수 있다면 무엇인들 사지 못하랴. 조선 후기에도 소위 명문가는 실재했고 이렇게 신분을 산 사람이 기존 양반계급 내부에 깊숙하게 침투하거나 고위직에 진출하기에는 한계가 있었지만, 한 가지 확실한 점은 경제 수준이 사회적 신분을 결정짓는 주요 요소이자 수단이 되었다는 것이다.

이렇게 부가 사회적 신분의 획득 수단이 되는 양상은 21세기 대한민국에서 일어나는 현상과 크게 다르지 않다. 돈과 토지, 즉 자산에 대한 선망과 집착이 현대사회에서 새롭게 생겨난 개념이나 욕망이라기보다 이미 예전부터 존재하고 있었다고 판단해도 크게 불합리하지 않다. 조선 후기에 화폐경제 사회로 진입하며 돈과 토지의 힘이 세지고 신분이 매매 대상이 되었듯 현대 자본주의가 발달할수록 시험을 통한 간판 획득에 비해 돈과 자산의 중요성이 증대하는 양상 역시 단순한 우연은 아닐 것이다.

'함께' 일하는 사이 생겨난 중간·평균 강박

조선 시대에도 가장 아름다운 꽃길은 시험에 합격해 특권층이 되는 것이고, 더 일반적인 성공의 원리는 돈과 땅에 있었다. 부의 축적은 단순히 삶의 질을 올리거나 다른 사람보다 나은 생활을 영위하게 해주는 데 그치지 않고 사회 계급 상승의 주요 도구가 되었는데, 명목상의 신분제가 사라진 현재와 달리 '실제로' 신분을 살 수 있었기에 더욱 직접적이었다. 하지만 땅은 사고 싶다고 해서 누구나 무한정 살 수 있는 것이 아니다. 산과 강을 낀 천혜의 명당이거나, 홍수와 가뭄 등 재난 피해를 덜 입는 입지를 갖추었거나, 농사짓기 좋은 가치 있는 땅은 정해져 있다. 또한 양반과 지주가 아닌 농민들은 자신이 소유한 작은 땅에서 나오는 소출로 입에 풀칠을 해야 한다.

더 많은 토지를 살 수도, 상품작물을 재배해서 부를 쌓을 마땅한 방도도 없었던 다수의 농민들에게 성공이란 그저 자신이 가진 작은 땅에서 더 많은 쌀을 생산하는 것이다. 가을 추수에서 더 많은 성과를 내기 위해서는 어떻게 해야 할까? 가장 먼저 떠오르는 방법은 '더 열심히', 즉 더 많은 시간을 논에서 보내는 것이다. 물이 너무 많거나 적지는 않은지, 관리가 소홀해 죽이가는 작물은 없는지 등을 부지런히 살피면 그해 농사에서 실패할 확률을 줄일 수 있을 테다. 더 좋은 종자를 구해서 뿌리거나, 더 든든한 농기구를 살 수도 있다. 그러나 이러한 노력만으로는 한계가 있다. 벼농사는 혼자서 혹은 가족 구성원의 힘만으로 짓는 것이 아니기 때문이다.

중고등학교 국사 시간에 배웠던 기억이 남았든, 드라마와 영화의 몇몇 장면에서 보았든 모내기와 김매기 등 벼농사의 주요 단계마다 농민들이 모여 함께 일하는 풍경은 우리에게도 익숙하다. 또한 벼는 물이 고인 논에서 자라기 때문에 농사의 성공에는 안정적인 용수 공급이 필수인데, 물길을 내고 끌어오는 관개에도 많은 사람의 힘이 필요하다. 이들은 일 중간중간 새참을 나눠 먹고 주요 행사를 맺고 나면 풍악을 울리며 함께 어울린다(현대 농촌에서는 이러한 문화가 많이 사라졌지만, 여전히 대보름이나 가을에 굿을 치는 풍습이 남아 있는 마을이 있다). 뭉치지 않으면 밥을 먹을 수 없었던 것이다.

이렇게 서로 도움을 주고받으며 공동체가 형성되고, 마을 주민들은 그 안에서 촘촘하게 연결되었다. 전근대 농촌 마을의 공동체는 여러 긍정적인 의미를 지닌다. 애초에 독립적인 '개인'이 실존하지 않았고 국가가 백성의 버팀목이 되어주지 못했던 사회에서 사람들을 유일하게 이어주던 집단의 역할은 절대적이었다. 마을 안에서의 삶이 늘 만족스러울 수야 없었을 테지만, 당시 사람들은 공동체로부터 생계를 유지하기 위한 도움을 받았다. 또한 이웃들로 맺어진 관계 속에서 위안을 얻는 한편 작은 사회 내에서 자신의 위치를 확인하고 존재 가치를 발견할 수도 있었다.[13] 개인보다는 집단을 중시하는 경향이 두드러지는 것이 이상하지 않다.***

두레와 품앗이 등에 녹아 있는 상부상조라는 미덕이 이어질 수 있었던 연유도 여기에서 찾을 수 있으며, 단순히 서로 돕는 데 그치지 않고 개인의 노하우 역시 주고받았을 것이다.[16] 주요 농업의 기술이나 원리를 동일하게 적용한다고 해도 어느 누군가는 당연히 더 많은 수확을 했을 테니 말이다. 그 사람은 어

***　동서양 사회문화적 차이의 연원을 밝히려는 다양한 시도 중 상대적으로 최근에 주목받는 접근법은 각자의 주식인 쌀과 밀로 설명하는 연구들이다. 주요 내용을 종합해 요약하자면 생산 과정(벼농사와 밀농사)에서 비롯한 행동 양식이 사회문화적 관습(집단주의와 개인주의 등)으로 이어진다고 할 수 있다. 물론 한 국가나 사회의 모든 특성을 쌀과 밀로만 풀어내는 데는 한계가 있다. 작물 외 여러 다른 요소가 오랜 세월 함께 개입하면서 동서양은 물론 같은 벼농사 문화권 내(한중일 등)에서도 각각의 차이를 발전시켜 왔을 것이다. 이 책에서는 해당 연구들을 실증하거나 국가 간 비교까지 나아가지 않으며, 추후 기회가 닿는다면 더 깊은 논의를 나눌 수 있기를 희망한다. 관련하여 자세한 내용이 궁금하다면 주석에 기재한 문헌 등을 참조하기 바란다.[14] 또한 같은 벼농사 문화권 국가의 집단주의와 구별되는 한국적 특징(예, 관계주의)에 관한 설명은 다음 문헌 등을 참조하기 바란다.[15]

떤 방법을 사용했길래 동일 면적당 수확량이 많을까? 모를 심는 깊이나 간격? 논에 대는 물의 양? 관리 주기? 비료는 어느 정도의 양으로 얼마나 자주 써야 할까? 그러나 이러한 공조가 생산량 증대와 가족의 안녕을 위한 건강한 경쟁으로 발전했는가 하면, 아쉽게도 그러지는 못했던 것 같다.

마을 구성원들이 함께 생산하고 수확하는 농사 체계가 별다른 탈 없이 운영되려면 개별 참여자가 제공하는 노동력이 믿을 만한 수준이어야 한다. 봄부터 가을에 이르는 한 해 농사에 드는 어떤 노동이든 다른 일꾼과 대등한 정도로 해내야 한다.[17] 그렇지 않으면 두레와 품앗이에서 사람 구실을 해내지 못할 것이고, 그 결과 다른 사람들이 자신의 농사를 제대로 돕지 않을 테니 말이다. 이는 여성들도 마찬가지여서 10대 중반만 되어도 어머니에게 배운 삼베 기술로 마을 길쌈 두레에 참가했다고 한다.[18] 이들은 각자 제 몫을 해내기 위해 윗세대로부터 마을의 '표준화'된 농법과 기술을 배우고 다른 사람에게 피해를 주지 않을 만한 숙련도를 키우려고 노력했다.[19]

표준은 평균의 또 다른 이름이다. 사전에도 표준의 뜻 중 하나로 "일반적인 것 또는 평균적인 것"이 등재되어 있다. 남들보다 손재주가 좋거나 습득력이 빨라 어른들에게 칭찬받으며 자신의 농사를 효율적으로 해내는 것도 중요하겠으나, 그에 앞서 모든 농부가 갖춰야 할 필수적인 역량은 마을 구성원들이 암

묵적으로 합의한 수준, 즉 평균에 도달하는 것이다. 일을 똑 부러지게는 못하더라도 중간만 갈 수 있다면 최소한 욕은 먹지 않는다. 아무리 못해도 최소한 남들만큼은 해내야 하고, 다른 사람보다 눈에 띄게 뒤처지면 큰일이다. 이는 중간과 평균에 대한 한국인의 강박이 여러 세대에 걸쳐 내려왔다고 보게 해주는 생활 양식이다.

마을의 주요 노동 전 과정에 관여하며 관계를 이어가는 동안 각자의 이름과 얼굴뿐만 아니라 논이 몇 마지기며 작년 수확량은 얼마였는지 등 눈에 바로 보이는 자산과 소득 수준, 그리고 아이들은 몇 명이며 몇 살이나 먹었는지에 이르기까지 서로의 사정을 속속들이 알게 된다.[20] 오죽하면 "옆집 숟가락 개수도 안다"라는 말까지 있을까. 이런 상황에서 이웃들의 눈치를 보지 않고 자기 멋대로 행동한다는 것은 사실상 불가능하다. 다른 사람들의 시선을 항시 의식하며 상대가 굳이 말로 하지 않아도 속뜻을 짐작하는, 관계 지향적이고 맥락적인 사고의 발달 역시 자연스럽다.

지금도 조직 생활에서 가장 중요한 것이 무엇인가? 상사의 '의중' 파악이다. 표정과 말투, 톤에 묻어나는 현재 기분이 어떤지 '헤아려' 선제적으로 행동하는 한편, 지시 사항의 숨은 의미를 간파해 '알아서 눈치껏' 업무를 처리하고 문제 소지가 있어 보이는 일은 아예 하지 않는다. 내부 고발자에 대한 엄격한 배제 역시 유사한 맥락으로 읽을 수 있는데, 집단 내부의 결속이 워낙 강하다 보니 다르고 튀는 의견, 나아가 공동체를 배신하는 행위를 용납하지 못했던 데서 유래했다고 볼 여지는 충분하다.

대다수 농민이 함께 힘을 합쳐야 하는 벼농사에 종사했던 전근대 사회에서 단단한 공동체는 물리적인 생존에 필수적이었을 뿐만 아니라, 시로 돕고 의시하는 관계 속에서 사람들이 불안에 빠지지 않도록 하는 역할 역시 수행했다. 또한 공동체 내 다양한 정보 공유와 긴밀한 협력 체계는 근대 이후 도시 산업화 현장에 이식되어 한국의 빠른 경제성장에 기여했다. 하지만 좋은 점만 쏙쏙 골라서 물려받을 수는 없는 노릇이다. 다 같이 먹고살려다 보니 자연스레 뭉칠 수밖에 없었던 농촌 마을 공동체의 생활 양식은 사람들의 마음속에 중간은 가야 하고 평균은 해내야 한다는 심리적 마지노선과 튀지 않고 적정선을 유지하려는 눈치 보기 습성의 씨앗을 심는 데에도 무시하지 못할 영향을 미쳤다.

다양성의 싹을 자르다

농촌 마을 주민들은 대개 똑같은 삶의 궤적을 밟는다. 한 해 농사뿐만 아니라 생애 주기 전반의 과정이 유사하다는 의미다. 비슷한 나이에 농사일에 투입되어 청년기에 본격적으로 기술을 습득하고, 결혼해 아이를 낳고, 자신의 집과 토지를 갖고, 비슷하게 늙어간다. 이렇게 같은 '세대'로 한 마을에서 오랜 기간 살아가며 정을 쌓고 협력하는 사이에 만들어진 끈끈한 동질감을 토대로 긍정적인 공동체를 형성할 수 있었던 것도 사실이다. 그러나 그만큼 비슷한 연배 혹은 처지에 있는 또래와의 비교와 경쟁을 피할 수 없다.

이들의 주된 비교 대상은 같은 마을에 거주하는 사람들, 즉 친척과 친구 등 가까운 사이다. 다른 마을 사람들이 풍년을 만나고, 우리 마을 사람들보다 많은 부를 이루며, 그들의 삶이 우리보다 전반적으로 더 낫다고 한들 그것은 나에게 피부로 와닿지 않는다. 직접적 비교 대상이 아닌 사람들에게 느끼는 질투의 강도는 매우 약하다.

이는 현재 한국 사람들의 심리와도 정확하게 일치한다. 재벌과 연예인 등 유명인들은 물론 내가 잘 모르는 부자에게 상대적 박탈감을 느끼기도 하지만 그들과 자신의 처지를 직접 비교하지는 않는다. 그들은 질투와 시기의 대상이라기보다 다수가 선망하는 '워너비'에 더 가깝다. 그러나 친구나 지인이 번듯한 직장을 얻고, 새 차를 뽑고, 아파트를 사고, 주식 투자에 성공해 큰돈을 벌었다는 소식은 적당히 흘려보내기 어렵다.

비교는 주로 자신과 비슷한 상황이나 처지에 있다고 여겨지는 사람을 대상으로 이루어진다.[21] 나와 가까운, 직접적인 비교 대상이 잘나가는 것이 훨씬 더 괴롭다. 한국인이 연장자보다 자기 또래 혹은 어린 사람의 성공을 더 질투하고 받아들이기 어려워하는 이유를 여기서 찾아볼 수도 있다. 어른 또는 나이가 많은 사람은 자신과 직접적인 비교 대상이 아닌 경우가 많으며, 그렇기에 훨씬 덜 민감하게 수용 가능하다.

그렇다면 태어난 마을에서 평생 떠나지 않고 농사를 지으며 살아가는 사람들에게 중요한 것은 내가 작년보다 올해 더 많이 수확하는 것일까, 아니면 옆집 사는 친구에게 뒤처지지 않는 것일까?

가을 추수를 마치고 보니 옆집 곳간이 더 그득하다면? '내가 잘못했던 게 있다면 무엇일까? 아, 이러이러한 면이 부족했구나'라고 생각하며 내년에는 더 열심히 하자고 다짐할 수도 있겠지만, 보통의 사람이라면 조금 더 높은 확률로 '저놈은 대체 뭘했길래 나보다 더 많이 생산한 거지? 나보다 더 열심히 일한 것 같지도 않은데?'라고 생각하기 쉽다. 시대를 막론하고 전자처럼 자신을 돌아보며 개선점을 찾는 편이 정신 건강에 이로울 뿐만 아니라 물리적이고 실질적인 성공에 이를 가능성도 높여주겠지만, 후자를 단순히 패배자 마인드로 치부할 일은 아니다. 인간 본성이 후자로 흐르기 쉬움을 우리는 이미 알고 있지 않은가.

이런 곳에서는 개인의 다양성을 인정하는 풍토가 정착하

기 어렵다. 다름을 인정하고 말고 하기 이전에, '다를 것'이 없기 때문이다. 반상의 구분이 엄격했고, 공업과 상업을 포함한 다른 분야는 농업 아래로 여겨졌으며, 대개 신분에 따라 가업을 물려받았던 전통 사회에서 '과거 급제-토지 확보-수확량 증대'로 요약되는 일련의 성공 루트를 제외한다면 애초에 '다른' 삶의 방식이, 인생의 다른 선택지가 거의 존재할 수 없었다.

먹고사는 것이 전부였던 조선 백성들이 개인의 고유성과 가치, 자신만의 삶을 추구한다는 생각을 평생 몇 번이나 해봤을까? 남들과 다른 나만의 무언가가 있을 거라고 상상이나 해봤을까? 의식하지 않아도 자동으로 비교가 일어나는 좁은 집단 안에서 살아가는 사람들에게는 남들보다 많은 수확물을 거둘지 여부가 중요했을 것이다. 이웃보다 더 많은 수확물과 토지를 갖고 최소한 마을 공동체 평균에 뒤처지지 않았다면 인생에서 특별히 크게 괴로울 일이 없는 것이다.

만약 농민의 자식이 그림을 잘 그린다거나, 별자리를 잘 기억한다거나, 음감이 좋다거나 하면 어떨까? 농사에 도움이 될 만한 재능이라면 충분히 인정받고 선망의 대상이 될 수 있다. 그러나 농사일과 그다지 관계없는 능력이라면 애초에 개인의 고유성이 드러나기도 힘들지만 드러난다고 해도 주목받거나 발전시키기 쉽지 않을 확률이 높다. 사회적, 경제적, 계급적 인정은 고사하고 공동체에서 배척당하지나 않으면 다행이다. 이런 분위기 속에서는 남들에게 없는 독특한 자질을 살리기보다 먹고사는 데 도움이 되지 않는 일은 무의미하다고 생각하는 것이 자연스럽다. 재능이 있건 없건 쓸데없는 짓 하지 말고 마을 '에이스'에게 농업기술이나 전수받는 것이 최선일 테다.

비교와 차별화 욕구 자체는 인간의 본성에 가깝다. 요점은 비교 대상이나 차별화 수단의 다양성에 있다. 과거라는 시험에 합격해 신분 상승을 이루면 최고의 차별화일 테지만, 이러한 수단을 활용할 수 있는 사람들은 극소수에 불과하다. 나머지 절대다수는 무엇으로 차별화할 것인가? 토지와 수확량, 돈이 되는 작물, 농기구와 농업기술 등 여러 방법이 있겠으나, 그게 무엇이든 마을 공동체 내부의 상상력을 벗어나는 방식은 사용할 수 없다.

서로의 사정을 꿰고 있는 이웃들로 연결된, 대안적 삶의 경험이 부재한 공동체 안에서만 존재했던 조상들이 본 적도 들은 적도 없는 '다른' 꿈을 꾸기란 쉽지 않은 일이다. 이러한 조상들의 모습이 지금 우리가 영위하는 삶의 양상과 얼마나 다르다고 할 수 있을까?

우리가 물려받은, 그리고 잃어버린 것들

답습되는 성공 방정식

과거 한반도에서 평생 농사지으며 살아온 사람들은 노동력 교환 측면에서도, 생산량 비교 측면에서도 마을의 다른 사람에게 뒤처져서는 안 되는 환경에 처해 있었다. 남들보다 잘살거나 더 많이 수확하지는 못할지라도 티가 나게 부족한 면모를 보일 수는 없었고, 마을 표준이라는 공동체의 기대에 미치지 못하는 사람일수록 동네 또래 세대를 더 크게 의식하며 비교하기 쉬웠다. 이러한 도토리 키 재기식 경쟁을 뒤엎을 유일한 방법은 '자식 농사', 즉 과거급제자 배출이었다. 옆집 사는 사람만큼, 심지어 더 노력해 마침내 그이보다 많은 생산량을 얻었어도 그 집 자식이 더 잘나간다면? 게임은 끝이다.

그리하여 자기 주변의 사람과 견주어 최소한 중간은 간다는 데서 자족하는 한편, 돈을 모으고 자기 땅을 갖고 토시를 불리고 여건이 된다면 자식 중 가능성이 큰 아이에게 '몰빵' 투자를 하는 한국인의 성공 기제를 장착하게 되어 있다. 나라를 잃고, 빼앗긴 나라를 되찾고, 전쟁을 치르고, 전후 재건과 경제성장, 산업화와 민주화를 거치며 다사다난했던 20세기를 지나오면서도 이 땅에서 살아가는 사람들이 품은 사회경제적 욕망과 그 실현을 위한 성공 방정식은 크게 변하지 않았다. 무대가 서울과 수도권을 중심으로 바뀌었을 뿐이다.

광복 이후 한국 사회에서도 성공이란 일차적으로 입신양명, 곧 고시에 합격하고 관직에 나아가는 것이었다. 공식적인 신분제는 사라졌지만, 고시에 합격해 고위공직자 또는 판검사가 된다는 것은 '벼슬'을 하는 것으로 간주되었다. 조선 시대처럼 토지와 노비를 하사받지는 못했지만 높은 직책과 권위를 갖는 데 더해 각종 국가 사업이나 민간 이권에 개입해 경제적 이익을 취할 수도 있었다(그들 대부분이 그리했다는 뜻은 아니다).

가장 중요한 변화는 신분에 따른 응시 자격 제한이 사라졌다는 점이다. 사실 골품제를 엄격하게 유지했던 신라나 과거제와 음서제가 병행되었던 고려와 같이 혈통을 중시했던 이전 시대와 비교한다면, 조선의 과거 시험은 여러 실질적, 계급적 응시 제한에도 불구하고 기존 관점에서는 이례적으로 진보적인 제도였다.[22]**** 그런데 이러한 제약마저 사라지고 예전에는 과거 시험을 삶의 선택지에 넣을 수 없었던 사람들에게도 기회가 생긴 것이다. 이제 신분과 무관하게 누구나 공부 하나만 잘하면 성공할 수 있는 길이 열렸다. 물론 현실적으로 난이도가 매우 높은 각종 고시에 합격하기는 쉽지 않고 준비 기간 동안 경제적 지원을 받기 어려운 사람들도 많았지만, 어쨌든 '비벼보기라도' 할 수 있게 되었으니 실로 큰 변화였다.

　대부분 사람에게 고시는 계층 이동과 신분 상승을 위한 가장 확실하고 공정한 체계로 여겨졌고, 특히 시행 초기 합격자 규모가 두 자릿수를 넘지 못할 정도로 빡빡했던 사법시험은 "개천에서 용 난다"라는 희망의 상징이 되었다. 이렇게 '시험 성적'을 토대로 사람을 뽑는 체계는 7·9급과 경찰·소방공무원, 국정원, 군무원 등 거의 모든 공직 선발에 도입되었으며 공공분야를 넘어 민간 대기업 공채 등 사회 전 분야로 퍼져나갔다. 신분과 계급, 출신과 관계없이 오직 시험만으로 합격자와 불합격자를 가리는 방법이 가장 공정하다고 받아들여졌기 때문이다. 경쟁

**** 물론 조선에도 고려의 음서와 유사한 '문음'이 있었으나, 음서와는 달리 일부 고위직 자제들이 낮은 직책에 등용되었고 과거 합격자에 비해 사회적 인식 및 실질적 승진 기회 면에서 뒤떨어지는 등 혜택이 제한적이었다.

이 치열해질수록 (교사나 언론·방송 종사자 선발 등) 여러 종류의 시험에도 '고시'라는 명칭이 붙었다.

하지만 입신양명은 예나 지금이나 사회 구성원 다수가 누릴 수 있는 것이 아니다. '누구나' 시도해 볼 수 있다고 해서 모든 사람이 합격의 기쁨을 누리고 출세 가도를 달릴 수는 없다. 그런데 고도경제성장 시기에는 모두가 고시에만 매달릴 필요가 없었다. 물론 각종 고시에 합격할 수만 있다면 가장 좋겠으나, 꼭 그렇지 않더라도 좋은 일자리를 구하는 데 큰 어려움이 없었기 때문이다. 대학만 나오면 대기업을 골라 갈 수 있었고, 대학을 나오지 않았더라도 가족을 꾸리고 자기 소유의 집을 갖는다는 게 불가능한 꿈이 아니었다.

기존 체제에서 비롯한 물질적·외형적 가치에 대한 선망과 타인에 대한 비교와 질시, 그리고 사회경제적 지위를 향한 욕망은 그대로였지만 찢어지게 가난했던 시기를 극복하고 어제보다 더 나은 내일을 살기 위한 노력이 그러한 마음을 앞질렀다. 그 결과 도래한 경제성장의 과실을 전 국민이 고루 따 먹을 수 있었기에 사람들의 욕망은 수면 밑으로 가라앉게 되었다. 즉 문제가 크게 부각되지 않고 묻혔던 것이다.

하지만 가파른 성장은 이내 한계에 부딪혔고, 사회 안전망의 부재 속에 성공 핵심 기준은 과거 급제에서 토지 확보와 수확량 확대로 옮겨갔다. 시험은 여전히 사다리를 올라가는 주요 수단이며 사람들이 선망하는 간판을 취득하기 위한 경쟁 역시 더욱 치열해졌다. 하지만 어렵게 고시라는 관문을 통과해도, 각종 시험에 합격하거나 자격을 보유해도 이전처럼 장밋빛 미래가 보장되지는 않는다.

가을 소출량 경쟁과 더불어 자신의 땅을 갖기 위해 애쓰고 토지의 양을 늘리기 위해 노력했던 선조들처럼, 우리는 소득을 높이고 아파트를 소유하고자 분투하며 더 많은 자산을 축적하기 위한 방법을 찾는다. 자산에 대한 욕망, 그리고 그를 바탕으로 한 사회적 신분 상승 욕구와 실현은 우리가 1장과 2장에서 살펴본 그대로다. 게다가 이러한 자산은 물론, 부를 바탕으로 한 교육 기회 역시 점점 세습되는 경향을 보인다.

'과거 급제-토지 확보-수확량 증대'라는 조선 시대의 성공 기제는 현재 한국 사회의 성공 공식으로 여겨지는 '고시·정규직 합격(시험을 매개로 한 간판)-아파트(자산) 보유-소득(돈) 증대'와 정확하게 일치한다. 과거 급제가 단순히 벼슬이나 순수한 명예만을 의미하지 않고 높은 계급으로서의 권세는 물론 막대한 부를 축적하고 세습하는 수단으로 기능했다는 점과 20세기의 고시 합격이 고위 공직자나 소수 전문직으로서의 사회적 신분뿐만 아니라 다양한 경제적 이득과 잠재적 이권 접근권까지 보장했다는 점도 퍽 닮았다.

더 일반적인 성공으로 가는 길에는 과거 급제가 아닌 토지와 수확량에, 고시 합격이 아닌 자산 취득에 방점이 찍혀 있었다는 점과, 시간이 갈수록 고시와 정규직 합격이 경제적 부를 보장하지 않게 되면서 매력이 감소하고 돈과 아파트로 대표되는 자산이 사회적 신분 상승의 주된 발판이 되었다는 점까지도 역사의 흐름에서 크게 비껴가지 않는다.

바쁘디바쁜 현대사회, 주변인과의 비교를 '전통의 일환'으로 내재화한 한국인이 숫자로 나타나는 외적 가치만 좇는 것은 지극히 당연하며 자연스러운 일이다. 조상들이 물려준 협력의 유산은 아이러니하게도 타인에 대한 시기와 질투를 함께 간직하고 있었고, 공동체 내부의 끈끈한 관계 속에서 살아오는 동안 개인의 고유성이나 다양성은 설 자리를 잃었다. 대신 그 공간을 채워온 것은 자식 농사에 대한 열망, 먹고사는 데 도움이 될 좋은 학교에 가고 좋은 직장을 얻기 위한 시험 기계들의 양성이다.

많은 의문점이 풀렸지만 또 다른 의문이 생긴다. 이러한 특성을 민족성이라고 부르든, 전통이라고 부르든, 혹은 그 어떤 다른 용어를 갖다 대든 그것이 완전히 새로운 것이 아니라 어느 정도는 본디 가지고 있던 것이라면 근대 이후에도 비슷한 수준으로 이어졌어야 한다. 그러나 현재 우리의 모습은 과거와 똑 닮았으되, 그 '정도'가 같다고 하기는 어렵다. 현대사회로 오면서 우리의 욕망이 더 표면적으로 드러나게 된 이유는 무엇일까?

욕망이란 결국 결핍에서 온다면, 혹시 우리는 어떤 중요한

'무언가'를 상실한 것은 아닐까? 혹은 잠재되어 있던 문제가 드러난 것일지도 모른다. 우리가 잃어버린 것은 도대체 무엇일까?

예측 불가능한 사회,
공동체는 옅은 자취만을 남기고

오랫동안 우리 사회를 관통해 온 성공 공식과 사회경제적 욕망은 건재하다. 치열한 교육열, 아파트로 대표되는 자산 소유욕과 경제적 자유에 대한 갈망까지 좁은 땅에서 함께 살아가는 다른 사람보다 조금이라도 더 나은 위치를 확보하기 위한 경쟁은 갑작스러운 현상이라고만 볼 수 없다. 남들과 나의 처지를 견주는 데서부터 오는 불안의 씨앗 역시 오래전부터 잉태되어 있었다고 할 수 있다. 이러한 불안은 경쟁을 가속해 긍정적으로는 한국 경제의 발전 동력이 되기도 했으나 경쟁이 격렬해질수록 불안은 더 강화되어 사람들을 평생 쳇바퀴에서 빠져나올 수 없도록 만든다.

불안의 핵심은 예측 불가능성에 있다. 주식 시장에는 "악재보다 불확실성을 더 싫어한다"라는 말이 있는데, 원·달러 환율과 금리가 시장에 나쁘게 작용하는 상황보다 아예 변화를 예측할 수 없는 환경에 더욱 대처하기 어렵기 때문이다. 만약 금리가 올랐다면 손실을 최소화하고 미래 이익을 도모할 방안을 모색하겠지만, 그보다 더 나쁜 것은 금리가 앞으로 도대체 얼마나 오를지 예상할 수 없는 상황이다. 이는 금융시장에 한정된다기보다 개인 일상은 물론 사회와 국가 단위에서 일어나는 나양한 선택에도 똑같이 적용된다. 좋지 않은 일이 발생했을 때 사람들은 다음 상황을 내다보며 최선의 대책을 강구하시만, 뭐가 어떻게 될지 감도 오지 않을 때는 어떤 대응도 제대로 할 수 없다.

농경 사회에서 삶의 대부분 영역은 '예측 가능'했다. 앞으로의 삶에 대해 크게 고민하지도 않았을뿐더러, 그럴 필요도 없었다. 공부를 하든, 농사를 짓든, 물건을 사고팔든 대다수 백성에게 운명이란 신분에 따라 처음부터 정해진 것이었다. 태어난 직후부터 인생의 진로는 결정되었고, 한번 나뉜 신분은 쉽게 바꿀 수 없다.

농부의 아들딸로 태어나 평생을 한동네에서 살며 모두가 비슷한 삶을 유지하는 좁은 집단에서 거의 유일하게 예상할 수 없었던 (하지만 가장 중요한) 요소는 매년 가을 수확량이었다. 그리고 추수 결과에 가장 큰 영향을 미치는 요인은 가뭄과 홍수 등 자연재해였다. 재난은 한 해 농사를 모조리 망치고 생존을 위태롭게 할 수도 있는 강력한 변수였지만, 날씨의 변화와 자연의 위협을 예측해 선제적으로 대응하거나 사람의 힘과 의지로 통제할 방도는 존재하지 않았다.[23] 전통사회의 불안 요소는 물리적인 생존에 있었던 것이다.

자연스럽게 사람들은 살기 위해 뭉쳤다. 안정적으로 더 많이 수확하려고 더 나은 농법을 개발하고 각자의 노하우를 공유하는 한편 서로 힘을 합쳐 물길을 냈다. 구성원 모두가 마을 공동체의 일원으로서 풍년에는 함께 기뻐하고 흉년에는 서로 나누며 재난에 함께 맞섰다.[24] 결과의 차이는 그때도 존재했고 그로 인한 갈등을 완전히 피할 수는 없었을 테다. 하지만 대개 동일 계급 내부에서의 차이일 뿐이고, 차이가 날지언정 격차는 크지 않았다.

과거에도 비교, 질시, 경쟁이 존재했고 남들보다 더 많이 수확하고자 하는 욕망이나 다른 이들보다 뒤처진다는 조바심이 없지 않았으나 그로 인한 불안이 지금만큼 컸다고는 할 수 없다. 공동체의 존재와 소속감이 마을 사람들 간 표면적 갈등을 최소화하고 불안의 정도를 완화해 수면 밑으로 가라앉혀 주었기 때문이다. 경쟁에 눈이 멀었다가는 공동체에서 배척당할 위험이 있으며 이는 생존에 직접적인 위협이므로 경쟁보다는 서로 돕는 상부상조가 (최소한 겉으로 보기에는) 우선적인 가치가 된다.[25]

현대사회에서의 양상은 농촌 씨족 기반 사회와 다르게 나타난다. 21세기 한국에서 물리적인 생존을 걱정하는 사람의 수는 현저히 줄어들었다. 이제 우리는 먹고살 만은 하다. 과거의 불안이 물리적 생존이라면, 현재의 불안은 사회적 생존과 깊은 관련이 있다.

현대사회의 불안은 과거와 달리 기초적인 생리 욕구와 안전 욕구를 넘어 자아실현 욕구를 추구하며 더욱 커졌다. 기서에 깔린 비교와 시기 성향은 그대로 간직한 채 오랫동안 억눌렸던 개인의 삶과 욕망을 좇게 되었다. 삶에서 고려해야 할 요소는 늘어나는데 미래 예측은 불가능에 가까워서 확실하다고 할 만한 것은 점점 줄어든다. 내 앞날은 한 치 앞이 보이지 않고 경쟁은 날로 격화하는데 잘 모를 때 물어보거나 힘들 때 기대고 의지할 수 있었던 공동체는 찾아보기 어렵다. 믿을 수 있는 사람의 수는 줄어들고 새롭게 만나야 할 사람은 과거와 비교할 수 없을 정도로 늘어났다.

무엇보다 과거의 불확실성은 인간이 어찌할 도리가 없는 자연의 결과물이어서 잘못된다고 한들 왕을 탓하고 하늘을 원망하면 되었으나, 이제 모든 선택의 결과는 오롯이 나의 책임이다. 무언가 잘못되었다면 능력이 부족한 탓이고 남들보다 노력하지 못했기 때문이다. 비교와 질시, 경쟁을 내면화한 개인이 감당해야 하는 불확실성의 크기와 무게를 생각해 본다면 불안하지 않을 방도가 없지 않을까?

현대사회로 오면서 개인의 욕망이 드러나고 주목받은 것은 긍정적인 현상이다. 그러나 미래에 대한 불확실성에서 기인한 불안은 건강한 개인주의를 꽃피우는 대신 타인이나 공동체야 어떻게 되든 일단 나부터 살고 봐야겠다는 극단적 이기주의를 낳았다. 세상에 믿을 수 있는 것은 자산뿐이며, 내가 가진 수치화된 가치를 기반으로 남과 비교하고 과시하는 것으로 결핍을 채우고 자신의 존재 가치를 확인한다. 하지만 동시에 우리는 이전보다 더 큰 스트레스와 우울감을 호소한다.

물론 우리 주변의 공동체가 하루아침에 갑자기 무너진 것은 아니다. 1960~1970년대 산업화와 함께 많은 사람이 도시로 이주했지만 거주 공간이 달라졌다고 해서 사람들의 생활 양식이 느닷없이 바뀌지는 않았다. 아파트 붐이 일기 전에는 서울도 옛 모습을 많이 간직하고 있었으며 주거 형태 역시 대부분 주택이었다. 다들 나고 자란 곳을 떠나 외로운 처지였기에 새롭게 터를 잡은 동네 주민들끼리 자연스럽게 공동체를 형성했다. 명절 때만 보는 친척보다 매일 마주치는 이웃끼리 김장을 함께하고, 좋은 날이면 음식을 나누어 먹고, 서로의 아이들을 봐주기도 했으니 '이웃사촌'이란 단어가 괜한 말도 아니었다. 품앗이와 두레의 도시화 버전이라 할 만하다.

1980년대 이후 사람들이 아파트로 옮겨가면서도 이런 정서는 남아 있었다. 저녁 무렵 문을 열어두고 식사를 같이하거나 휴일이면 청소를 함께하는 빌라와 아파트 공동체를 접하기 어렵지 않았다. 내가 어릴 적만 해도 이사 가고 나서 같은 라인에 있는 이웃들, 최소한 옆집과 윗집, 아랫집에는 떡을 돌리는 문화가 당연시되었다.

하지만 이제는 그런 모습을 찾아보기 힘들다. 공동체는 사실상 사라졌을 뿐만 아니라 이웃 간 어떤 교류나 짧은 대화조차 흔치 않은 일이 되어버렸다. 오히려 옆집에서 인사하러 오거나 관심을 갖는다면 부담스러워하거나 혹시 나쁜 의도가 있어서 접근한 것은 아닌지 경계하게 마련이다. 나라도 누군가 새로 이사를 왔다며 벨을 누르고 떡을 준다면 기쁘고 반갑기보다는 당황스러운 마음이 먼저 들 것 같다.

공동체 붕괴에 따라 어려울 때 비빌 수 있는 언덕은 오직 가족뿐이다. 그런데 이제 가족마저 해체되어 가는 모습이다. 국내 1인 가구 숫자는 증가세에 있다. 우리나라 전체 가구 중 1인 가구 비율은 2012년 33.3퍼센트, 2015년 34.5퍼센트, 2018년 36.7퍼센트 등 점진적으로 늘어나다 2021년 말 기준 40.3퍼센트로 통계 집계 이후 최초로 40퍼센트를 돌파했다. 다른 어떤 가구 형태보다도 높은 비율이다.[26]

역사적으로 국가가 개인과 개별 가구를 지켜주지 못했고, 사회 안전망에 대한 구성원 간 합의가 여전히 이루어지지 않고 있는 한국 사회에서 그 역할은 일차적으로 가족에게 주어졌다. 직계가족과 가까운 친척의 힘만으로는 부족했던 부분을 메워주던 마을 공동체가 소멸하다시피 한 현재 상황에서 가족은 가장 원초적이자 최후의 복지 수단이다. 결혼과 육아를 해야 할 때 가족은 경제적 지원을 해주고 손주를 봐주며, 실업과 질병 등 경제적 위기 시에는 무이자 구제금융기구 역할까지 도맡는다. 그러나 국민 절반 가까이가 혼자 사는 세상에서 가족에 의지하는 것만으로는 한계가 있으며, 양극화가 심해질수록 이러한 사적 복지 역시 충분한 여유가 있는 상위 계층의 전유물이 되어가고 있다.

사람들은 외롭다. 불안하고 두렵다. 타인에 대한 믿음을 쉽게 찾아보기 어렵지만 그것이 다른 이들을 신뢰하고 싶은 마음이 없어서는 아니다. 각박한 세상에 누구도 쉽게 믿지 못하고 각자도생해야 하는 삶은 얼마나 피곤하고 지치는가?

가끔 아파트에 새로 이사 온 아이가 종이에 삐뚤빼뚤 적어 엘리베이터에 붙인 인사에 사람들이 따뜻하게 화답했다는 기사를 본다. "오랜만에 이런 기사 보니 좋아요", "그래도 아직 세상은 살 만한가 봐요", "이렇게 정 나누며 살면 좋겠어요". 댓글도 훈훈하다. 자취를 찾아보기는 어려워도 공동체를 향한 욕구는 여전하다는 방증이다. 〈나의 아저씨〉나 〈응답하라 1988〉 같은 드라마에서 위로를 받는 사람들이 많다는 것은 다들 그렇게 서로 이해하고 힘이 되어줄 관계를 원하기 때문이리라. 더불어 현대사회에서 그런 관계를 갖는다는 것이 무척이나 어렵고, 믿고 의지하며 서로의 속을 터놓을 수 있는 관계가 주는 따뜻한 사람

냄새를 그리워한다는 것을 보여주는 증거일 테다.

한때 공유했던 목표와 가치,
있었는데요 없었습니다

광복 이후 반세기에 걸쳐 우리 주변에 늘 존재하던 울타리가 소멸하는 동안 이러한 공동체의 붕괴 여파를 상쇄해 주던 사회 공동의 가치가 있었다. 크게는 산업화와 민주화로, 조금 더 세분화하자면 산업화 이전 6·25 전쟁에 따른 전후 재건, 그리고 국난 극복이라는 차원에서 세기말 터진 IMF(국제통화기금) 구제금융 사태도 꼽을 수 있을 것이다. 현대 한국 사회 발전의 주요 단계라고 불러도 좋을 이러한 큼직큼직한 이정표는 개인의 삶에 앞서 일단 해결하거나 달성해야 할 국가 단위의 거대한 목표였다.

한국전쟁은 이미 일제에 착취당한 한반도를 폐허로 만들었다. 1950~1960년대 우리나라가 세계 최빈국 중 하나였다는 것은 널리 알려진 사실이다. 제1차 경제개발계획이 시행된 1962년 한국의 1인당 국민총소득(GNI)은 110달러에 불과했으며 현재 최빈국인 아프리카의 가나(당시 190달러)나 가봉(당시 350달러) 수준에도 미치지 못했다.[27] 필리핀을 비롯해 현재 우리 정부로부터 많은 액수의 원조를 받으며 한국을 롤모델로 삼고 있는 동남아시아의 주요 개발도상국은 당시에는 한국 경제가 따라잡아야 할 대상이었다.

나의 부모님은 전쟁 이후 50년대 중후반에 태어난 베이비부머 세대다. 아버지의 경우 무려 11남매 중 셋째(둘째 아들)로, 어린 시절에는 유복한 편이있다고 하나 성장하면서 가세가 기우는 바람에 할머니가 11남매를 키우느라 많은 고생을 했다고 들었다. 내가 초등학교에 다닐 때인 1990년대만 해도 "우리 아빠는 11남매야, 나 고모가 8명이나 있어!"라고 하면 친구들이 매우 놀라면서 "야, 그러면 축구팀 하나 만들어도 되겠다"라며 웃을 수 있던 장난 거리였다. 그러나 1950년대 후반부터 1970년대에 이르는 시절에 11남매를 키운다는 것이 어떤 삶이었을지를 돌이켜 상상해 보면, 솔직히 말해 가늠조차 할 수 없다.

한참 어려운 시기 한국인 대다수의 꿈은 '이밥에 고깃국'을 먹는 것이었다. 당시 경제적 여건에서는 전후 재건과 산업화가 급선무였다. 같이 못살고, 모두가 밥을 제대로 챙겨 먹지 못하며 내일 끼니를 걱정하고, 새벽마다 추위에 떨며 연탄을 갈고, 적게는 네다섯에서 많게는 열이 넘는 아이들을 먹여 살려야 하는 상황에서는 옆집이 몇 평인지, 뒷집은 얼마를 버는지, 친구네 집은 넓고 따뜻한지 등 이웃과 지인과의 비교보다 당장 나와 우리 가족이 먹고사는 것이 우선이었다.

내가 가진 것과 남이 가진 것을 견주며 다른 사람들을 시기하지 않는다거나, 우리 집이 옆집과 친구네보다 잘사는 것이 중요하지 않았다는 의미는 아니다. 물리적이고 현실적인 생존 욕구가 일상 속에서 일어나는 비교 민감도를 떨어뜨리고 우선순위에서 밀어냈다는 뜻이다. "다 함께 힘을 합쳐 잘살아 보자"라는 구호가 전 국민에게 충분히 먹혔던, 이러한 경제성장의 깃발 아래 사회 구성원들이 의기투합했던 시기였다.

전후 복구와 산업화 다음의 가치는 민주화였다. 현재 '민주화'라고 하면 1980년 5·18 광주 민주화 운동과 1987년의 6·10 민주 항쟁 등 1980년대 민주화 운동을 주로 떠올리지만, 엄밀히 따지자면 산업화를 이룬 다음 민주화로 넘어간다는 식으로 두 시기를 분리하거나 단계를 나눌 수는 없다. 실제로 1960년 3·15 의거와 4·19 혁명을 포함한 여러 항쟁이 민주화 운동으로 규정되어 있으며, 민주화운동기념사업회는 민주화 운동을 "억압으로부터 자유와 자율을 확대시키고, 인간의 기본적 권리를 수호하고, … 민중의 생존권과 더 나은 삶을 위한 투쟁"으로 정의한다.[28] 이러한 맥락에서는 정부 수립 이후의 각종 노동·농민·인권운동 등은 물론 2000년대와 2010년대의 촛불집회 역시 민주화 운동이라 부를 수 있다.

지난 세기 한국 사회가 공유한 민주화의 대표 가치를 한마디로 요약하자면 독재와 군사정권에 맞서 민주주의를 쟁취하고자 하는 투쟁이라고 할 수 있다. 그것은 동시대 다른 모든 가치에 우선하는 거대한 대의명분이었다. 그 이외에도 크고 작은 여러 의제가 존재했지만, '독재 대 반독재'라는 선명한 구도 아래 최우선 목표는 정치적 민주화였다. 집단 사이의 이해관계부터 주요 사회적 문제까지 묻히거나 후순위로 밀리는 마당에 개인의 욕구나 욕망이 들어설 자리는 없었다.

혹시나 불필요한 오해가 있을까 하여 미리 밝히자면, 민주화 시기 사람들의 신념과 투쟁, 그리고 직선제 도입에 이르기까지의 여러 과정을 평가하거나 비판하려는 의도가 전혀 아니다. 단지 개인의 욕구와 욕망에 앞서는 강력한 공동 목표가 존재했고, 그러한 방향으로 나아가기 위해 여러 잠재적 사안의 우선순위는 처질 수밖에 없었다는 점을 짚으려는 것이다. '무엇이 더 중한가'의 가치 판단을 배제하고 당시 벌어졌던 현상을 바라보며 현재 우리에게는 없으나 그때는 있었던 사회 공동의 목표가 갖는 역할을 고찰하기 위함이다.

돈이나 땅, 아파트? 자산의 축적? 다른 이들과의 비교? 물론 이 시기에도 사람들은 각자 삶의 이정표를 세우는 한편 저마다 욕구를 추구하고 욕망을 좇았지만, 사회 전체가 공유하는 대의명분에 가려져 언론이 주목하는 이슈로 떠오르거나 심각한 사회문제로 대두되지 않았다. 달리 말하자면 개인의 욕구와 욕망이 들어설 사회적 공간이 없었다고도 할 수 있다. 하지만 당시 많은 사람이 자신의 이기심과 이해관계를 앞세우기보다 공동체의 대의와 목표에 힘을 쏟고 헌신했으며 때로는 희생도 마다하지 않았다.

이는 산업화와 민주화뿐만 아니라 IMF 사태 때 국민이 장롱 속의 금반지와 금목걸이를 꺼내 들고 은행에 줄을 섰던 금 모으기 운동과도 연결된다. IMF는 단순한 경제 위기가 아니라 국가 재난으로 받아들여졌고, 나라를 살려야 한다는 사회 공동의 목표를 시민들이 공유하면서 자발적 모금 행렬이 일어났다.

민주화 이후 1990년대에 접어들며 우리 사회에도 비로소 '개인'들이 나타났다. 소위 X세대라고 불렸던 이들은 1980년대부터 이어진 경제 호황과 낙관적인 사회 분위기를 바탕으로 각자의 욕망과 호불호를 자유롭게 표출했다. 이 세대는 문화적인 측면, 특히 패션에 자신들의 새로운 정체성을 담기 시작했는데 당시 기성세대에게는 이해할 수 없는 '지저분하고 유치한' 옷차림으로 받아들여졌고 교육부가 나서서 힙합 바지와 염색 머리를 단속하기도 했다.[29] X세대는 베이비부머나 86세대와는 달리 어린 시절부터 경제적·문화적으로 풍요로운 생활을 누렸으며 해외여행 자유화 이후 세계화의 물결을 타고 '자유'와 '탈권위'라는 자의식과 정체성을 형성했다.

모두가 나누어 짊어졌던 공동 목표의 무게에서 벗어나 자기 자신과 가족의 삶에 더 집중하게 된 것은 그 자체로 굉장히 좋은 변화다. 그러나 달콤한 시간은 민주화 항쟁과 IMF 사태 사이 10년 정도에 불과했다. 처음으로 개인의 자유와 욕구를 추구했지만, 그러한 욕망을 뒷받침할 만한 실질적인 경제적 자유를 누렸던 마지막 시기이기도 하다. 대학을 졸업한다면 좋은 직장을 골라가고, 한번 들어간 회사에서는 격렬하게 경쟁하지 않아도 연차만 쌓이면 착착 승진했으며, 꼭 대학을 졸업하지 않더라도 집을 사고 가족을 건사할 수 있었다. 이전 시기보다 먹고살기 수월해진 덕에 딱히 미래에 대해 걱정하거나 막연한 불안에 휩싸여 우울해하지 않아도 되었다. 본격적인 사회 변화와 개성 추구는 이러한 물적 토대 위에서 가능했다.

그러나 IMF 이후 21세기에 들어서며 상황은 달라졌다. 외환위기를 비교적 단기간에 극복하는 듯했으나 실업과 양극화를 비롯한 사회경제적 후유증을 피해갈 수는 없었다. 21세기에는 무언가 달라지리라는 희망과 기대가 더해지며 자유와 개방, 탈권위의 물결은 강화되고 가속화되었으나, 아쉽게도 경제성장의 과실을 넉넉하게 나눠 가질 수 있던 시기는 지나고 말았다.

이제 전 국민이 함께 공유하는 가치를 찾아보기란 대단히 어렵다. 나는 '개인'이 공동의 목표 뒤로 밀렸던 지난날의 관습(물론 현재도 이러한 모습이 남아 있기는 하지만)을 되찾자거나, 혹은 예전으로 돌아가자는 이야기를 하려는 것이 아니다. 문제는 우리가 과거에 개인의 삶이나 권리, 욕구와 욕망이 우선하는 사회에서 살아보거나 그러한 문화를 만들어본 경험이 매우 부족하다는 것이다.

서로를 존중하고 인정하며 각자의 다양성을 있는 그대로 받아들이는 건강한 개인주의가 발붙일 곳 없었던 한반도 이남에서 개인의 욕구 분출은 오직 기존의 질서와 체제에 대한 반발과 반작용으로만 일어났다. 그 결과는 나와 내 가족만 잘살면 된다는, 나만 아니면 된다는 무한 이기주의였다. 특히 2008년 금융 위기 이후 경쟁이 심화하며 이러한 경향은 점점 대세가 되어가고 있다. 올해 경제 상황이 매우 좋지 않으며 내년이 더 나쁠 수 있다는 부정적 분석과 전망을 쉽게 찾아볼 수 있는데, IMF급의 경제 위기가 다시 찾아온다면 우리 사회의 대처는 25년 전과는 많이 다를 것이다.

개인의 욕망을 건강하게 추구하는 방법을 모르는 사회에서 사회 구성원 다수가 공유하는 목표를 잃어버린다면, 각자의 내면 깊은 곳에 억눌려 있던 욕망들이 그 압력만큼 강하게 분출하게 된다. 더 많은 소득과 자산을 향한 갈망, 외적 가치에 기반한 비교와 질시, 중간과 평균에 대한 강박, 과시를 통한 존재감 확인, 뒤처지지 않기 위한 필사적인 몸부림이 서로 뒤섞이며 상승작용을 일으킨다. 그리고 그러한 욕구가 강하지 않았던 사람마저 사회 전체를 물들이는 욕망에 무방비로 노출되어 휩쓸리게 된다. 함께 사는 세상에서 자신의 욕망을 무한대로 추구하며 공존하기란 매우 어렵지만, 그 간극을 줄이기 위한 우리의 선택은 상대에 대한 진정한 배려나 존중, 신뢰가 아니라 평판 관리와 비난을 피하기 위한 눈치 보기였다.

모두가 개인주의자로 살고자 하지만 무엇이 건강한 개인주의인지에 대해서는 아무도 이야기하지 않는다. 한국 사회에 적합한 개인주의를 위한 고민이 필요하다.

공공의 적? 내 삶이 중요하지 무슨 소리야

6·25전쟁 때 이북에서 넘어온 외할아버지는 순하고 인자했지만 북한 관련 뉴스는 마냥 평온하게 보지 못했고, 가끔은 TV를 보다 벌컥 화를 내기도 했다. 한편으로는 북에 두고 온 가족을 그리워했다. 손자에게까지 그 속내를 다 드러내지는 않았지만 말이다. 전쟁을 겪고 피난길에 오르고 아무 연고 없는 남녘 어딘가에 정착한 이후 50년이라는 세월 동안 가족 얼굴을 보지도, 목소리를 듣지도, 서신을 교환하지도 못한 채, 심지어 생사까지도 확인할 길 없이 살아간다는 것은 어떤 느낌일까? 그 회한과 그리움의 깊이를 내가 감히 헤아릴 수나 있을까?

오랫동안 북한은 우리 사회의 대표적인 공공의 적이었다. 한민족이라는 정체성을 공유하는 대상이자 언젠가는 통일을 이루어 함께 살아가야 할 이웃이면서도, 동족상잔의 비극을 일으킨 전쟁 주범이자 이후에도 끝없이 도발을 이어온 최대의 주적이었다. 한국전쟁 이후 반세기 동안 북한을 바라보는 남쪽 시민들의 감정은 양면적이었지만 부정적 정서가 훨씬 강했다. 북한은 막연한 불안과 공포, 분노를 일으켰고 '빨갱이'는 적대감을 넘어 무조건적이고 반사적인 혐오의 대상이었다.

국가와 사회 전반석으로 널리 인식되는 적이 있다면 구성원 간 연대와 공동체 의식을 고양할 수 있다. 자연히 사회 내부의 개인이나 집단 간 견제와 다툼, 대립과 불화, 비교와 질시의 양은 줄어들고 그 강도 역시 약해지기 마련이다.

이러한 원리는 훨씬 작은 규모의 조직 생활과 사적 인간관계에서도 동일하게 적용된다. 부하 직원들이 하나로 뭉치도록 강한 원동력이 되어주는 괴팍한 상사를 경험해 본 사람들이 많으리라 생각한다. '꼽창(요즘 말로는 개꼰대)'이라 불렸던, 나의 군 시절 부서장을 모시던 선배 장교와 나는 부서장에게 까이고 채이고 시달린 끝에 소령과 중위라는 계급 차이를 극복하고 내적 친밀감을 공유하는 사이가 되었다. 공과 사를 막론하고 다수에 반하는 사람은 나머지 모두의 대립과 불화를 완화해 준다. 작은 집단에서도 이럴진대 국가나 사회 단위에서 공유하는 적의 실존이 구성원 간 단결과 결집에 미치는 영향은 실로 중대하다.

그래서 역사적으로 전 세계에 걸쳐 사회 갈등이나 집권 세력의 실정 등으로 반정부 기조가 상승하면 외부의 적을 만들거나 국민에게 새롭게 상기시켜 내부 단합과 정권 지지율 상승을 도모하는 경우가 셀 수 없이 많았다. 전쟁과 테러가 발발하면 국민들이 정부에 힘을 실어주는 현상도 마찬가지다. 가깝게는 미국이 반이슬람과 반중 정서를, 일본이 혐한 정서를 이용하는 것이 좋은 예이며 우리나라와 북한이 서로를 활용하며 적대적 공생 관계를 유지하기도 했다.

기실 장기적 관점에서 돌아봤을 때 북한의 잠재적인 위협보다 우리 사회에 더 큰 악영향을 미친 것은 이 레드 콤플렉스로, 전쟁과 분단 이후 '빨갱이'는 다른 모든 기준을 무력화하는 절대적 가치 판단의 잣대로 기능하며 모든 논의를 압살했다. '공공의 적'이 부각되고 언론에 더 자주 오르내릴수록, 그래서 사회 구성원들이 느끼는 위협이 피부에 가깝게 와닿을수록 '개인'은 사라지고 삶과 욕망은 억압되어 뒤로 밀리는 결과를 낳는다.

사회 내외부 공공의 적의 존재가 불러오는 파급효과는 앞서 살펴본 공동 목표의 영향과 유사하게 나타난다. 공동체적인 목표나 대상은 옳고 그름이나 긍정적, 부정적 영향을 떠나 그러한 가치를 공유하며 살아가는 동시대 사람들이 끝없는 비교에 빠지지 않도록 선을 그어주는 방파제라고 할 수 있다. 공동 목표나 적이 존재하는 여건에서는 옆 사람과 덜 비교하게 되고, 조직과 집단 내에서 끊임없이 경쟁하며 구성원들을 줄 세우기보다는 협력과 협동을 우선시하게 된다. 가진 것을 바탕으로 자괴감 혹은 박탈감을 느끼거나 과시하려고 애쓸 필요도 없다. 또한 인터넷은 물론 휴대폰도 널리 보급되기 전에는 비교 범위 자체가 매우 좁았기에 사회 전체를 대상으로 자신의 위치를 확인하지 않아도 되었다.

그러나 이제 공동의 목표와 가치는 물론 구성원 간 단합을 용이하게 해주던 적들도 사라지거나 악화되었다. 대표적으로 북한은 여전히 한국 사회의 의제 설정과 여론 형성에서 중요한 축이자 거대한 정치적 변수이지만 예전에 비하면 그 무게감이 현저히 덜하다. 2023년 현재 빨갱이 프레임은 과거처럼 강력한 힘을 발휘하지 못하고 있다. 친북이니 반북이니, 퍼주기니 뭐니하는 논쟁도 이전에 비하면 많이 사라졌다. 빨간색 자체에 담겨있던 맹목적인 분노와 거부감 역시 느껴지지 않는다. 우리에게는 부동산, 일자리, 세금 등 당장 해결해야 하는 의제들이 훨씬 많으며, 북한을 팔아먹는 정치 선전이 더는 먹히지 않을 정도로 국민의 의식과 생활 수준이 올라왔기 때문이다. 다른 가치에 우선해 대부분 사회 구성원을 결집시키던 '공공의 적'의 위세는 이제 예전같지 않다.

북한이 '외부의 적'이라면 독재 정권과 신군부는 혁파하고 극복해야 할 '내부의 적'이었다. 민주화는 20세기 후반 한국 사회가 열중한 핵심가치이자 중요한 공동 목표였지만, 동시에 군사 독재 정권이라는 내부의 적과 치른 치열한 전쟁이자 전투이기도 했다. 앞선 글에서 살펴보았듯이 민주주의를 쟁취하고자 하는 투쟁이 거대한 대의명분으로 작동하는 동안 개인이나 집단의 이해관계 추구를 앞세우기란 사실상 불가능에 가까웠다. 하지만 정치적 민주화의 달성 이후 양상은 많이 달라졌다.

어쩌면 IMF 사태 역시 유사한 맥락으로 읽어볼 수도 있다. IMF라는 용어 자체는 국제금융기구의 명칭일 뿐이지만, 어려운 시기를 상징하는 명확한 하나의 '대상'이었기에 전 국민이 모두 힘을 합쳐 극복해야만 하는 목표이자 물리쳐야 할 '적'과도 같았다. IMF로부터 빌린 돈을 모두 갚는 것이 곧 국난 극복과 동의어로 여겨졌기 때문이다. 이는 10여 년 후인 2008년의 경제 위기와 상당히 다른 모습을 보인다. 당시 금융 위기의 여파는 비록 IMF 시기와 비교할 정도는 아니었을지라도 한국에 상당한 영향을 주었는데, 이때는 사람들이 '국난'이라고 여기지 않았으며 사회 공동의 목표나 적이라 할 만한 대상도 존재하지 않았다.

공공의 적은 당연히 존재하지 않는 것이 훨씬 바람직하지만, 우리가 각자의 욕망을 앞세우고 다른 사람들과 비교하며 무한 반복하는 우월감과 자격지심의 진자 운동을 막아주는 효과가 있었다는 점만큼은 기억해야 할 필요가 있다. 자취를 감춘 공동체를 대신할 만한 울타리를 마련하지 못한 채 급격히 변화하는 사회에서 그나마 사람들을 묶어주던 공공의 적도 사라졌다. 그곳에서 새로운 협력과 결속, 연대가 피어났다면 좋았겠지만 우리는 정파와 계급으로 서로를 구분하며 상대편을 새로운 적으로 인식했다. 그 결과는 갈등과 반목뿐이다.

우리 주변의 커뮤니티는 더욱 빠르게 무너져내렸고, 오랫동안 억눌렸던 사람들의 욕구와 욕망은 균형점에 대한 고민 없이 분출되었다. 그러한 전환 속에서 개인은 독립적인 사회 구성원으로서 건강하게 존재하는 대신 파편화되어 '섬'이 되었다.

모든 사람은 결국 섬일 수밖에 없다. 그러나 끝내 섬으로 남고 싶은 사람은 거의 없을 것이다. 섬들이 붙어 거대한 대륙이 되기까지는 엄청난 인고의 시간이 필요하고, 현대사회를 살아가는 우리에게 그 정도의 정신적 여유는 없다. 사람들은 '우리'라는 단어를 일상에서 참 쉽게도 사용하지만, 정작 '우리'라는 문을 열고 들어올 수 있는 사람은 극히 제한된다. 살아남기 위해 잔뜩 움츠린 동안 '우리'와 '그들'을 나누는 경계는 갈수록 선명해진다. 그렇게 서로를 잇는 선은 사라지고 서로를 가르는 선만 남는다. 하지만 그것이 정말 우리가 원하는 삶일까?

가장 풍요로운 세대, 사다리를 잃다

그들은 무엇이 그리도 불안했을까

최근 몇 해 사이 부동산 관련 최대 키워드는 '영끌'이 아닐까 싶다. 2020~2021년에는 '지금 아니면 집을 살 수 없다'는 불안감과 위기감에 영혼까지 끌어모은 대출로 고점 매매에 들어간 젊은 세대의 모습이, 작년부터 올해 초까지는 치솟는 금리 탓에 젊은 세대가 늘어난 주택담보대출 이자를 감당하기 어려워한다는 소식이 포털 메인을 장식하는 날이 많았다.

한국부동산원 통계에 의하면, 전국 아파트 매매 거래 중 2030세대의 아파트 매입 비중은 2019년 28.3퍼센트에서 2020년에는 29.2퍼센트, 2021년에는 31.5퍼센트로 지속 상승했다. 범위를 서울로 좁혀보면 30대 이하 비중이 더욱 눈에 띄는데, 젊은 세대의 서울 아파트 매입 비율은 2020년 상반기 34.6퍼센트에서 하반기 40.2퍼센트로 높아지더니 2021년에도 내내 40퍼센트 초반대를 유지했다. 이들의 매수심리는 2022년 초반까지 강하게 이어지다 금리가 본격적으로 오르기 시작하면서 급격히 줄어들어 하반기 들어서야 20퍼센트 중후반 수준까지 떨어졌다.

이러한 '영끌'을 2030세대 전반에 걸쳐 일어나는 현상으로 확대하는 것을 경계하는 목소리도 존재한다. 주택담보대출과 신용대출, 마이너스 통장까지 끌어모아 아파트를 매수했던 사람들은 대부분 어떻게든 대출 원금과 이자를 감당할 수 있는 소득과 자산을 보유하거나 부모의 지원을 받을 수 있었던 상위 20퍼센트 집단일 가능성이 높으며 '평균적인' 2030과는 거리가 멀다는 지적이다.[30]

세대 내부의 소득과 자산 수준 격차가 실거래에 어느 정도 반영이 되었는지는 조금 더 확인이 필요하겠으나, 당시 2030의 높은 매수세만큼은 사실이다. 그리고 집을 사고자 하는 욕망이 세대 전체에 걸쳐 팽배한 것 역시 마찬가지다. 국토연구원이 2022년 발간한 〈2030 미혼 청년의 주거 여건과 주거인식〉 보고서에 따르면, 전국 만 20세 이상 39세 이하 대상 설문 조사에서 무주택 미혼 청년 가운데 77퍼센트는 "내 집을 꼭 소유해야 한다"라고 응답했다. 당장 집을 사지 못한다고 해서 사고 싶지 않은 것은 아니라는 뜻이다.

일련의 현상을 바라보며 머릿속에 떠오른 물음표는 20대와 30대가 왜 이토록 아파트 매수에 열을 올리는가, 혹은 집착하는(듯 보이는)가였다. 예전에는 그렇지 않았던 것 같기 때문이다. 더 정확하게 말하자면 이 정도까지는 아니었던 것 같다고 해야겠다.

과거에 30대 이하 세대가 집을 구매하지 않았던 것은 아니다. '내 집'에 대한 욕구는 보편적이고 자연스럽다. 특히 결혼을 하고 가족을 이루면 당연히 더 넓고 편한 집이 필요한데 10년 전만 해도 지금보다 평균 결혼 진입 연령이 낮았기에 오히려 매수 욕구는 더 컸으리라고도 생각해 볼 수 있다. 한국부동산원 자료에 따르면 수도권 집값이 침체기였던 2012~2014년 30대 이하 세대의 주택 매매 거래량 비중이 35퍼센트를 넘기기도 했다. 이 수치가 전체 주택을 대상으로 한다는 점을 고려해 범위를 아파트, 그중에서도 수도권 내지 서울 아파트로 한정한다면 이 비율은 더 올라갈 가능성이 크다. 수치만 놓고 보았을 때는 2020~2021년의 영끌과 다른 점을 찾기 쉽지 않아 보인다.

둘 사이의 가장 결정적인 차이는 '실수요 대 불안에 의한 묻지 마 선매수'라 할 수 있다. 2010년대 초중반은 무리하게 빚을 내 집을 장만한 '하우스푸어'가 큰 사회적 문제로 떠올라 대부분 아파트 구매를 꺼렸던 시기였다. 그렇다면 당시 30대 이하의 높은 매수세는 대부분 결혼과 육아로 인한 실수요로 판단하는 것이 합리적이다. 물론 영끌 시기의 아파트 구매 중에도 당연히 실수요는 존재하나, 이때의 매수 심리를 크게 자극했던 요소는 '지금 아니면 못 살 것 같아서'라는 세대 전반에 팽배한 불안감이었다(그러한 불안을 부추긴 언론도 있다). 이러한 차이를 뒷받침하는 것은 '자가'를 바라보는 인식이다. 2012년 갤럽 설문 조사는 앞서 언급한 국토연구원 보고서와 상반되는 결과를 보여주는데, 당시 2030 세대의 약 60퍼센트가 "내 집을 꼭 소유할 필요는 없다고 생각한다"라고 답변했다.

내 집 마련은 시기와 세대를 막론하고 과거와 현재의 모두에게 인생에서 추구해야 할 최종적인 목표 중 하나였다. 그런데 불과 10여 년 전만 해도 젊은 세대가 지금처럼 '자가 아파트'에 목을 매지는 않았다. 왜 현재의 2030은 과거와 다른 모습을 보여주는 것일까? 달라진 점이 있다면 무엇일까?

모두가 알고 있듯이 가장 큰 변수는 역시 집값이다. 실제로 많이 올랐고, 올라도 너무 올랐다. 월급을 다달이 저축해서 아파트를 사는 것은 이미 불가능하다. 그런데 지금도 비싸지만 앞으로는 더 비싸진다면? 사실은 오늘이 그나마 가장 싼 날이라면? 지금이 아니면 다시는 집을 살 수 없는 거라면? 당장 어떻게든 사는 수밖에. 모든 자금줄을 동원하고 박박 긁어내어 사는 수 외에 다른 도리가 있을까. 주식과 코인 투자 광풍도 본질적으로 끝을 모르고 오르는 집값을 따라잡을 수 없으니 이대로 근로소득에만 의지하다가는 '평생 집을 살 수 없겠다'는 극도의 불안감 때문이었다.

그런데 곰곰이 생각해 보면 월급 모아서 아파트 사기 어려운 것은 비단 어제오늘 일만이 아니다. 10년 전은 물론이고 20년 전에도 마찬가지였다. 2004년 이후 서울 주요 아파트 단지의 시세 변동을 분석한 자료에 따르면, 2004년 3억 4000만 원이던 아파트 가격(30평 기준)이 12억 8000만 원으로 약 3.8배 올랐고, 월급만으로 서울에서 아파트를 사는 데 필요한 기간은 한 푼도 쓰지 않을 경우 평균 18년에서 36년으로 두 배가 되었다.[31] 36년이라는 인고의 세월은 상상만으로도 끔찍하지만, 그렇다고 18년이 만만한 시간인가 하면 전혀 그렇지 않다. 예전에도 집은 비쌌고 월급으로 아파트를 구매한다는 것은 불가능에 가까웠다. "근로소득만으로 아파트 사려면 ○○년 걸려"라는 부동산 관련 기사는 과거에도 그랬고 현재에도 그렇듯 미래에도 같은 패턴을 보일 것이다.

그런데 왜 유독 현재 더 큰 불안을 느끼는가? 현 젊은 세대의 두려움은 어디에서 왔는가? 세대를 막론하고 한국 사회 구성원 모두는 늘 불안하며 미래에 대한 두려움을 품고 산다. 현 2030과 같은 나이대인 10년 전, 20년 전의 2030 역시 그랬다.

그러나 2020년대를 살아가는 젊은 세대가 느끼는 불안과 두려움은, 그 강도와 형태가 이전 세대가 느꼈던 바와 다르다.

우리는 이전보다 더 돈과 자산에 탐닉하는 한편 각자도생에 내몰리며 생존 투쟁을 당연하게 받아들이고 있다. 이러한 변화의 이유는 무엇일까? 이는 결국 그동안 우리 사회에서 일어난 실제적 변화, 즉 '사실'보다 사람들의 '인식'이 더 큰 폭으로 달라졌기 때문이라고 봐야 한다.

어릴 때부터 누렸던 '삶의 기본값' 상실의 두려움

그러한 인식의 변화는 세 가지 정도로 나누어 정리해 볼 수 있다.

첫 번째로는 2장에서 살펴본 바와 같이 아파트를 비롯한 자산을 바탕으로 형성되는 사회적 신분과 '어디에 사는지'를 기반으로 일어나는 의식적·무의식적 서열화를 들 수 있다. 자가와 전월세, 임대를 촘촘하게 나누어 계급화하는 세태에서 자유롭기란 결코 쉽지 않다.

옛날이나 지금이나 내 집 마련이 삶의 주요 목표 중 하나라는 점은 변함이 없으나, 시간이 갈수록 실현하기 어려운 꿈이 되어가고 있으며 단순히 '노력'해서 이룰 수 있으리라고 생각하는 사람은 이제 거의 없다. 손에 잡을 수 없는 꿈인데, 이루지 못하면 사회 평균에서 밀려나 뒤처지는 것은 물론 심하면 패배자 또는 낙오자로 인식될 수도 있다. 공공임대나 월세를 산다고 아무도 뭐라 하지 않아도 본인이 먼저 자격지심과 열등감, 상대적 박탈감에 빠지기도 한다. 소박한 꿈이었던 평범한 삶이 곧 '(민간 브랜드의) 자가 아파트'와 동의어로 받아들여지는 사회에서 이제 내 집 마련은 단순히 삶에서 거쳐가야 할 주요 단계라거나 여러 목표 중 하나가 아니게 되었다. 조바심을 느낀 젊은 층의 패닉 바잉 현상을 '노맥락 급발진'으로 해석하면 안 되는 이유다.

두 번째는 부동산 시장을 바라보는 2020년대 2030세대의 관점이 10년 전 2030세대와는 다르다는 것이다. 10여 년 전에는 2000년대 중반 폭등 이후 시장이 안정되며 또 그렇게 급격하게 오르지는 않을 거라는 믿음 혹은 기대가 있었으나, 지금은 사람들의 학습 결과가 다르다. 모르긴 몰라도 언젠가는 다시 오른다는 쪽으로 강하게 쏠려 있다. 대부분은 부동산 시장을 완전히 떠난 것이 아니라 저점 매수 타이밍을 기다리고 있다.

물론 이러한 인식에는 변수가 존재한다. 2023년의 부동산 시장에서는 거의 모두가 집을 사려고 하지 않는데, 다수의 전문가는 이러한 추세가 한동안 이어지리라고 예상한다. 어떤 면에서 10여 년 전 하우스푸어 시기와 유사하다고도 할 수 있으며, 이는 부동산 침체가 지속될 경우 현재 젊은 세대의 인식 역시 달라질 가능성이 있다는 점을 시사한다. 이들의 생각은 정말로 변화할까?

2023년 이후에도 젊은 세대가 집을 꼭 소유해야 한다고 생각할지, 조금 더 정확한 동향을 보고자 한다면 영끌의 후유증이 구체적으로 드러나고 집값 하락을 경험하고 난 후 (후유증이나 하락의 정도는 시금 판난하기 어려우나) 2030세대의 생각을 측정해야 할 것이다. 그러나 그들의 인식이 단기간에 변하리라고 예측하기는 어렵다. 그렇게 되려면 특히 서울의 아파트 가격이 다시는 예전처럼 오르지 않을 것이라는, 부동산으로 돈 버는 시대는 저물었다는 신호를 줄 수 있어야 하는데 몇 년 사이에 세대 전체가 그런 판단을 공유할 수 있을까? 예상하지 못한 변수가 발생하지 않는다면 시간이 걸릴지언정 집값은 결국 오른다고 생각할 가능성이 크다. 그렇다면 중요한 것은 '언제 시장에 진입할 것인가'이며, 집을 사고자 하는 인식 자체에는 큰 변화가 일어나지 않을 것이다.

그런데 거주지를 둘러싼 사회적 서열과 신분 형성이든, 부동산 상승에 대한 기대감이든, 이러한 두 가지 인식은 젊은 세대에서만 달라진 것이 아니다. 사회 전반에 걸쳐 모두가 비슷하게 생각하며 적절한 시기를 노리고 있다. 현재 사람들이 아파트를 사지 않는 것은 집값이 향후 더 떨어진다는 추측과 함께 DSR debt service ratio(총부채원리금상환비율) 등 대출 규제와 더불어 금리가 높기 때문인데, 사실 집값 하락 예상조차 근본적으로 고금리를 바탕으로 일어난 것이므로 결국 금리가 가장 핵심이라 할 수 있다. 그리고 금리는 2030에게만 높게 적용되는 변수가 아니다.

앞서 언급한 두 가지 변화와 함께 눈여겨봐야 할 것이 있다. 무엇보다 극적으로 달라졌지만 주목받지 못할 뿐만 아니라 간과되고 있는 세 번째 인식 변화는 바로 현재 젊은 세대가 지각하는 '삶의 기본값'이 이전 세대와 상당한 차이를 보인다는 점이다. 현재의 20대와 30대는 우리나라가 개발도상에 있던 시기에 성장한 윗세대와 달리, 어느 정도 경제성장이 이루어진 이후 태어나 상대적으로 훨씬 풍족하게 어린 시절을 보냈다. 그 이전의 한국 사회를 알고는 있지만 경험해 보지 못했거나 기억하지 못하는 세대라고 할 수도 있겠다.*****

이들이 나고 자란 가정의 표본은 부모와 아이 둘로 이루어진 4인 핵가족이다. 현재 젊은 세대가 태어난 1980년대와 1990년대에는 아이 한두 명이 전부인 집이 다수였으며 이러한

***** 특정 나이나 년생을 기준으로 이 세대를 딱부러지게 나누거나 정의할 수는 없으며 소위 MZ세대로 통칠 수도 없다. 한 세대 안에서도 다양한 성향이 폭넓게 분포하고 모두가 같은 세대 정체성을 가지고 있지는 않으며 다른 많은 요인이 함께 개입하기에 단순히 '세대'만으로 사회 현상을 들여다보는 데는 한계가 있다. 하지만 특정 세대의 다수가 공유하는 정서나 특성, 경향의 실재 역시 부정할 수 없기에 이 글에서는 그러한 세부 요소를 엄격하게 구분하거나 정의하지 않고 사회 보편적 인식을 따른다.

'표준'은 지금까지 이어지고 있다. 아이들은 부모님 세대와 비교한다면 정도의 차이는 있겠지만 훨씬 높은 비율로 물질적 부족을 덜 느끼면서 자랐다. 그래서 이들은 자신이 어릴 때부터 누렸던 생활을 '기본' 혹은 '평범'으로 인식하며 이러한 가정의 모습을 지극히 당연한 것으로 여긴다. 삶의 디폴트값이 이전 세대와는 다른 것이다. 그래서 성인이 되어 결혼을 하고 아이를 낳을 만한 최소한의 조건, 다시 말하면 가정을 꾸리는 시작점에 대한 기준이 높아졌다.

한 세대 전만 해도 20대 중후반이면 다들 결혼을 하고 살림을 차렸다. 대학 졸업 후 몇 해 지나지 않아 결혼식을 올린 나의 부모님은 서울 영등포구 대방동 작은 방에 신혼집을 마련했다. 반지하와 옥탑을 거치는 사이 아이가 태어났고 이사를 반복하며 조금씩 크기를 키워가다 새롭게 조성된 목동 신시가지 아파트에 당첨되어 처음으로 아파트란 곳에 살게 된다. 그 시절을 기억하지 못하는 나에게 어머니는 가끔씩 어린아이를 챙기며 처음부터 끝까지 직접 짐을 꾸리고 풀어야 했던 과정(그릇과 컵을 신문지에 싸고 책을 노끈으로 묶는 등)을 담담하게 풀어내곤 했다. 결혼하고서 몇 번이나 이사했는지, 특히 목동 아파트 입주 전에 몇 차례나 옮겨 다녀야 했는지 기억하지 못할 정도였으니 반복되는 이사의 지난함을 어렴풋하게나마 짐작해 볼 만하다 (매우 아쉽게도 목동 아파트를 오래 보유하지는 않았다).

당시에는 모두가 이렇게 '작게' 시작했지만 이제는 그렇지 않다. 집값을 포함한 여러 현실적 문제를 감당하기 마땅찮기는 하지만 민간 건설사 브랜드 아파트가 아니더라도 젊은 부부가 아이를 낳고 키울 주거 공간이 전혀 없다고는 할 수 없다. 현재 결혼 적령기('적령기'라는 표현의 직절성도 논해볼 수 있지만 여기에서는 다루지 않는다) 전후를 지나는 사람들이 그들의 부모 세대처럼 우선 결혼하고 작은 집에서부터 조금씩 넓히는 삶을 애초부터 생각하지 못하거나, 설혹 고려는 해볼지언정 굳이 그렇게까지 하고 싶어 하지 않는다는 점은 결코 가볍게 지나칠 수 없다.

현재 젊은 세대 사이에서는 그런 선택지를 처음부터 배제하는 경향이 점차 확대되고 있다. 돈은 어느 정도 모아야 하고, 집은 어느 정도 크기여야 하며, 자가는 아니더라도 역세권 아파트 전세는 되어야 한다. 결혼해서 함께 만들어간다는 생각은 사라지고, 조건을 갖춘 남녀가 만나 둘의 합이 최소한 이 정도는 되어야 결혼해서 산다는 인식(비용 문제를 둘러싼 남녀 갈등을 배제하더라도)이 지극히 마땅하고 합리적인 개념으로 받아들여진다. 더불어 1인당 필요한 주거면적 또한 과거보다 넓어졌다.

예전처럼 현 상황에 맞게 결혼하고 작게 시작할 수도 있지만, 그리고 실제로 그렇게 시작하는 사람들도 당연히 존재하지만, 대부분은 그렇게 하지 않는다. 경제적으로 그렇게 할 수 없는 것이 아니라 의식적으로 그리할 수 없는 것에 가깝다. 자신이 어려서부터 살아온 삶보다 못하다고 여기고, 그러면 큰일 나는 것처럼, 남들보다 뒤처지는 것처럼 생각하기 때문이다. 남들 시선에 죽고 사는 한국 사회에서는 그런 삶을 실행에 옮길 용기를 내기 어렵다.

이러한 세태를 젊은 세대 탓으로 돌릴 수만은 없다. 과거에 작게 시작할 수 있었던 건 사회 전반의 평균적인 생활 수준이 낮은 상태에서 그렇게 출발하는 것이 당연했기 때문이다. '작게 시작해서 늘려간다'가 삶의 표준이었고, 실현 불가능한 꿈도 아니었다. 그러나 이제는 언젠가 늘려갈 수 있기는 한지, 그 언젠가가 과연 언제가 될지 아무도 알지 못한다. 집값이 감당하기 어려울 정도로 오르기도 했지만, 올랐다는 사실 자체보다 더 중요한 것은 앞으로 집을 살 수 없으리라는 절망감이다. 과거와의 결정적인 차이 역시 여기에 있다. 미래를 꿈꿀 수 없게 된 젊은 이들은 희망을 품고 새로운 삶의 여정에 뛰어드는 것이 아니라 시작도 하기 전에 지레 포기해버린다.

어쩌면 1980~1990년대 경제성장 시기 사람들이 경험한 것은 상향 평준화일지도 모른다. 1990년대가 아름답게 포장되고 저마다 추억하는 이유 역시 그 시기가 경제적으로 풍요로웠을 뿐만 아니라 해외여행이 가능해지고 자신만의 스타일을 추구하는 등 자유롭고 여유로운 낙관이 사회 전반에 퍼져 있던 덕분일 테다. 한번 입사하면 연공서열에 의해 꼬박꼬박 연봉이 올라가는 평생직장 개념 아래 미래에 대한 걱정과 불안이 크지 않았던, 모두의 생활수준이 상승했기에 굳이 남들과 비교하지 않아도 충분히 괜찮았던 시기다.

반면 2010년대 이후의 양상은 '상대적 하향 평준화'라 할 수 있다. 절대적 수치만 놓고 본다면 국가 전체적으로는 더 풍성해졌으나 중산층(중간)이 붕괴되고 양극화가 심화되며 평균 이상보다는 그에 못 미치는 사람들이 훨씬 많아졌다. 물론 2장에서 살펴보았듯 중간과 평균, 중산층에 대해 우리가 그리는 그림이 왜곡된 탓도 크지만, 그것을 감안하더라도 대부분은 하향 평준화를 보고 듣고 느껴왔다. 시대의 흐름을 타고 주식과 코인 투자로 대박이 나거나, 부모가 다져놓은 기반 위에서 든든한 지원을 받지 못한다면 사회경제적 성공은 고사하고 자신들이 너무나도 당연하게 받아들였던 최소한의 삶조차 만들어가기 어려운 세상이다.

유명한 매슬로우 욕구 5단계로 풀어보자면, 안전 등 기초단계 욕구는 이미 태어날 때부터 충족했고 성장하면서 자아실현 욕구에 따라 어떻게 살아야 할지 고민하는 사람들이 전 세대에 비해 훨씬 많아졌다. 다시 말해 상대적으로 많은 수가 기초적인 결핍을 느끼지 못했고, 그런 게 존재하는지조차 몰랐다는 뜻이다. 그런데 이런 사람들이 한번 결핍을 자각하기 시작하면, 어릴 때 부족하게 자라다 성인이 된 이후 결핍을 메워온 세대에 비해 심리적·정서적으로 더 취약하기 쉽다. 경험해 보지 못한 상황에 갑자기 부딪혀버리니 당황하는 것은 물론 불안과 두려움의 강도가 커질 수밖에 없다.

나름의 꿈을 이루려고 보니 "어리, 내가 지금 안전하시 않네? 어라, 내 한 몸 누일 공간 찾기도 힘드네? 어떻게 먹고 살지? 미래가 안 보이는데?" 이렇게 낮은 단계의 욕구로 돌아간다. 그런데 자아실현의 욕구를 좇아본 경험치는 그대로다. 그 기억을 없던 것으로 만들고 욕구를 느껴보지 못한 상태로 돌아갈 수는 없다. 동시에 주변에서 내가 원하고 바랐던 그 모습을 실현해 나가는 동년배들이 눈에 들어온다. 이전 시대와는 달리 SNS를 통해 즉각적으로, 내가 보고 싶지 않은 모습마저 나도 모르는 알고리즘에 의해 무방비로 맞닥뜨리게 된다. 늘어난 욕구를 감당하지 못한 채 뒤처지고 있다는 불안과 두려움, 상실감과 박탈감이 마음을 잠식한다. 우월감과 자격지심을 오가는 진자운동의 폭 역시 전 세대에 비해 훨씬 커졌다.

기성세대들은 흔히 "요즘 젊은 것들은 쓸데없이 눈만 높아졌다"라고 하는데, 겉으로만 봐서는 충분히 그렇게 생각할 수 있다. 자신이 살아온 삶에 비추어 판단해 봤을 때 젊은 세대를 이해하려 애써도 도통 이해가 되지 않고, 그러려니 하며 참고 넘어가는 데도 한계가 있어서 고민이 많을 것이다. 하지만 중소기업에 가지 않는 젊은 세대를 보고 혀를 끌끌 차며 그냥 돌아선다면, 이들에게 다가가는 건 평생 요원한 일이다.

젊은 세대를 분석한다는 책들은 대개 기성세대의 시각에서 다른 동료 기성세대에게 "요즘 애들(통상 90년대생) 굉장히 특이하잖아, 바로 앞 세대(통상 80년대생)만 해도 말을 하면 들었거든? 그런데 애네는 아니야, 내가 보니까 이런 특징이 있더라고, 잘 새겨두지 않으면 큰코 다친다"라는 '관리 목적'의 경험 및 정보 전달이 주를 이룬다. 하지만 젊은 시절 자신들이 보고 듣고 경험했던 것과 지금 세대가 느끼는 것은 완전히 다르다. 이해하지 못하는 것도 한편으로는 이해가 되나, 진정으로 젊은 세대를 이해하고 그들에게 공감하고 싶다면 그들을 관리 대상으로만 바라보는 대신 이들의 내면 깊숙한 곳에 숨겨진 욕망과 불안의 이중주에, 그 간극이 들려주는 소리에 귀를 기울여야 한다.

현재 젊은 세대는 자신들이 어릴 때부터 누렸던 '삶의 기본값' 상실에 대한 두려움에 빠져 있다. 성인이 되어 사회에 진출한 이후 자신이 평범하다고 생각해 왔던 생활 양식이 더 이상 평범하지 않음을 발견한 이들에게는 자신이 어린 시절부터 향유했던 평범한 삶을 어떻게든 다시 손에 넣는 것이 그 무엇보다 중요하다. 이는 곧 '사회적 생존'을 위한 투쟁으로 연결되며, 게임의 승리 요건은 남들에게 뒤처지지 않을 정도의 물질적 가치와 사회적 인정 획득이다.

결혼과 육아 기피 역시 이러한 불안과 두려움의 연장 선상에 놓여 있다. 결혼하고서도 내가 원하는 생활수준을 유지할 수 있을 것인가, 아이를 낳는다면 그러한 삶을 물려줄 수 있을 것인가에 대한 믿음이 존재하지 않는다. 출산율을 높이기 위해 집값 안정은 물론 각종 육아 수당 제공, 육아휴직 활성화, 경력 단절 대책 등 여러 실질적 지원이 필요하나 이 모든 것에 앞서 기저에 깔린 심리를 읽어내아 한다. 부동산 대책은 불본 출산율 제고 역시 이러한 인식 변화를 정면에서 마주하고 인정하는 데서부터 풀어야 할 것이다.

Chapter

4

숫자 너머
새로운 도약

우리는 스스로 자신의 가치를 평가하고 만족하도록 진화해 오지 않았다. 서로를 잘 아는 가까운 이웃들과의 관계 속에서만 인정받으며 존재할 수 있었다. 공동체 붕괴로 인해 의지할 곳 없는 개인들만 남게 되면서 사회 전반의 낮은 신뢰 속 각자의 불안은 심화했다. 오직 남들보다 더 나은 무언가를 가졌다는 점으로 존재 가치를 증명하고 숫자로 값을 매길 수 있는 외적 요소에만 의미를 부여하는 우리에게 '사회적 기준 부합 여부'는 양보할 수 없는 생존 문제가 되었다.

존재감을 드러내기 위해 겉으로 보이는 가치에 집착할수록 과시의 강도는 증가하고 유형 역시 다양해진다. 돈이 최고인 세상에서 아이들의 꿈도 유튜버와 연예인, 인플루언서로 바뀌었다. 모두가 몇 년씩 고시촌에서 젊음을 낭비하며 공무원 시험을 준비하는 것보다는 낫지 않느냐 위안 삼아야 하는 것일까?

우리 욕망을 전면 부정하려는 것도 아니고 그럴 필요도 없다. 그러나 남보다 잘살거나 최소한 뒤처지지 않기 위한 비교 기반 욕망은 좇으면 좇을수록 불행해질 뿐이다. 우리가 가진 사회경제적 욕구를 있는 그대로 받아들이고 인정하면서도 조금 더 건강하게 추구할 수는 없을까?

3장에서 한국 사회의 여러 가치 상실과 인식 변화에 관해 이야기하며 현대에 접어든 이후 시간이 지날수록 우리의 욕망이 더 표면적으로 드러나고, 돈과 자산에 몰두하며 각자도생에 내몰리게 된 이유를 탐색했다. 이제 우리가 가진 욕망 자체를 없애거나 줄이기란 불가능하며, 기성세대와 차이를 보이는 현 젊은 세대의 인식을 바꿀 수도 없다. 하지만 우리가 잃어버렸을지 모르는 유산이 예전에는 욕망을 어느 정도 누그러뜨려 주었던 것이라면, 역사의 강물이 흘러 내려오는 동안 유실된 가치를 되찾으려는 노력을 해볼 수 있지 않을까?

구성원들이 공유하는 목표와 공공의 적 영향력 등 우리가 살펴본 주요 가치들의 공통점은 집단과 관계를 중시하는 강한 구심력에 반발해 튀어 나가려는 개인의 원심력을 감소시키는 동시에 그러한 개인과 개인을 묶어서 연결해 주는 공동성이다. 그러나 시대가 많이 변했다.

함께 달성해야 할 목표를 향해 국민을 하나로 모은다는 발상은 2020년대 한국 사회에 어울리지 않으며 바람직하다고 할 수도 없다. 실상 공동의 가치가 국론 분열을 막는다기보다 그러한 구실로 서로 다른 의견의 공존을 어렵게 하고, 나아가 다양성을 말살하기 위한 수단으로 작용하는 경우도 많았다. 한 국가의 발전 가도상에서 불가피하게 겪어야만 했던 과정이었다고 할 수도 있다. 그렇지만 달리 생각하면 개인의 욕구와 공동의 가치 사이에서 적절한 균형점을 찾기보다 개별 구성원들을 억압하고 그들의 욕망이 수면 위로 올라오지 못하게 막았던 것이라고도 볼 수 있다.

공공의 적 형성은 더욱 비현실적이다. 외부의 적을 상정해 내부 단합을 이루려는 노력은 현재도 세계 곳곳에서 이루어지고 있고, 정권 유지와 지지율 반등을 위한 수단으로써 유효함을 인정하더라도 어디까지나 정치 기술에 불과하다. 일시적 단결을 기대할 수는 있겠으나 이러한 통합은 건강하지 않을뿐더러 또 다른 문제를 키울 뿐이다. 만약 시선을 내부로 돌린다면, 이야말로 한 사회의 지속 가능성을 파괴하는 행위다. 게다가 특정 세력을 국민 다수의 적으로 돌리려는 공작은 이제 사실상 불가능하다. 현재 우리가 걱정해야 할 최우선 과제는 양극단으로 갈려서 치고받고 싸우며 아무 의미 없는 논쟁을 반복하고 확대 재생산하는 양상이다.

우리는 여전히 국론 통합을 이야기하지만, 개인과 집단 간 견해가 갈리는 것은 이상한 일이 아니다. 여러 의견을 두고 일어나는 갈등과 분쟁조차 인간이 모여 함께 꾸려가는 사회에서는 당연하고 자연스럽다. 이제 공동의 목표나 가상의 적을 설정하는 등의 방식으로 대다수 의견을 하나로 모으거나 개인의 사회경제적 욕망을 뒤로 밀어둘 수는 없다.

관건은 대립과 충돌 자체가 아니라 그러한 갈등을 관리하고 중재해 특정 계층이나 승자의 독식을 막고 다수가 만족하는 방안을 찾는 데 있다. 그리고 그 과정에서 소외되는 목소리가 없도록 들어주고, 시민들이 자신의 입장 역시 존중받는다는 경험을 할 수 있도록 해야 할 것이다. 그렇다면 우리는 어디에서 시작할 수 있을까?

과거와 현재를 관통하는 욕망을 완화해 준 공동적 가치 중 남은 선택지는 공동체뿐이다. 우리 주변에서 흔적을 찾기 어려운 공동체를 되살리는 일은 가능할까? 공동체 회복이라는 질문에 답을 찾아가는 과정은 매우 중요하다. 하지만 완화 기제의 복구만으로는 한계가 있다. 우리 사회의 얽히고설킨 매듭을 풀기 위해서는 결국 '시험-자산-돈'이라는 견고한 성공 기제에 관한 논의로 나아가야 한다. 마지막으로 이 두 가지 과제를 고민하는 데 빠뜨릴 수 없고, 건강하지 않은 욕망의 근원적 문제이기도 한 신뢰에 관해 이야기할 것이다.

공동체, 가능하기는 한 걸까?

사람이 살아가는 데 가장 중요한 건 결국 '사람'이고, 한 사회가 지속 가능하려면 사람들이 모일 수 있어야 한다. 점점 건조해지고 각박해지는 사회에서 주변을 돌아볼 여유를 찾기는 쉽지 않다. 하지만 흩어진 점들이 속 깊은 이야기 나눌 사람 한 명 없는 고립감에 시들어갈수록 선으로 연결되고 면으로 포개지고자 하는 본능적인 욕구는 더욱 강해진다.

관계의 결핍을 채우기 위한 사람들 사이의 연결과 교류, 시민들의 자발적 연대 등 공동체 회복에 관한 이야기는 사실 전혀 새롭다고 할 수 없다. 우리 모두가 이미 다 알고 있다. 중요하고 좋은 방향이라는 것을 알면서도 어떻게 해야 할지 모르거나, 여러 논의를 거쳐 나온 대안이 있더라도 막상 현실에 적용하기 어려운 탓에 이미 수없이 반복되어 온 '듣기 좋은' 이야기만 되풀이하곤 한다. 관건은 어떻게 공동체를 복원할지에 대한 구체적이고 현실적인 시행 방안이겠지만 당장 나부터 쉽게 시작할 만한 실천적 해법은 잘 보이지 않는다. 그만큼 어렵다는 뜻일 테다.

실상 이제 우리는 지나치게 많은 이해관계에 얽혀 있다. 국가나 회사가 수행하는 단 하나의 프로젝트에도 수많은 이해관계자가 발생한다. 크게는 공공과 민간으로, 조금 구체적으로는 중앙정부와 지방자치단체, 민간 사업 수행자, NGO, 지역 주민 등으로 나누어진다. 각각의 영역은 또 여러 계층으로 분화되어 공공기관별로, 지자체 내 부서별로, 민간기업 간 위계에 따른 갑과 을과 병, 그리고 사업에 찬성하는 주민과 반대하는 이들에 이르기까지, 사업의 규모가 커질수록 이해당사자의 수도 늘어나고 갈등 역시 증폭된다.

모든 이해관계자의 의견을 고려하며 일을 진행하다 보면 늘 예상보다 훨씬 많은 시간과 노력이 필요하게 마련이다. 고작 사업 하나 하는데도 이렇게나 조율하기 어려운데, 국가의 성장과 분배에 관한 문제라면 어련할까. 이러한 틈바구니에서 난무하는 개개인의 욕망들을 절충해 유의미한 공동체를 형성한다는 것은 어쩌면 정말 불가능할지도 모른다.

나와 내 가족만 잘살면 그만인 세상에 사람들이 공동체를 원하기는 하는 것일까? 인공지능의 미래를 논하는 초현대사회에서 인간들의 지속 가능한 공동체를 구현할 수 있을까? 그러나 사람들이 각자도생의 길을 걸으며 주변을 돌아보지 못하는 것은 그렇게 했을 때 나에게 돌아오는 보상이 없을 뿐만 아니라, 딴짓하다가는 경쟁에서 뒤처져 낙오자가 되리라 생각하기 때문이다. 남들과 다른 나만의 삶, 내가 진정으로 원하는 일, 사람과 사람 사이의 신뢰와 연대를 원하지 않아서가 아니다.

우리는 살아가는 데 돈도 중요하고 집도 중요하지만 쌓아놓은 부와 경제적 자유를 함께 나눌 사람이 없다면 아무 의미가 없다는 진리를 이미 안다. 하지만 그러한 생각이 나와 내 가족의 경계를 넘어서도 유지되기란 매우 어렵다. 타인에게 먼저 다가갈 필요 자체가 줄어들기도 했지만, 그러고 싶은 마음이 들더라도 먼저 손을 내밀었을 때 나만 손해를 볼 수 있다는 두려움 탓이 크다. 세상 모든 일과 인간관계가 등가교환을 전제로 일어나지는 않지만, 어렵게 용기 내어 먼저 마음을 열었을 때 상대가 화답해 주리라는 믿음은 점점 약해져 간다.

더 큰 문제는 그러다 자칫 피해를 입게 되기라도 한다면 복구가 쉽지 않다는 데 있다. 예전에는 물질적·정신적 손실이 발생하더라도 나와 내 가족을 둘러싼 공동체가 어느 정도 뒷받침을 해주었는데, 이제 더는 그런 보호를 기대할 수 없다. 선의와 오지랖을 구분하기는 쉽지 않고, 괜히 나섰다가 발목 잡히기라도 하면 그 책임은 오롯이 개인의 몫으로 남는다.

국가나 사회의 공적 안전망을 대신하던 공동체의 해체는 사람들이 마음 깊이 감추고 있는 연대의 욕구가 가족의 울타리를 넘어서지 못하도록 막는 동시에 타인에 대한 경계 수준을 높이는 결과를 불러왔다. 사람들은 차가운 사회 어딘가에서 따뜻한 손길을 찾아 헤매다 가끔씩 나타나는 미담에 그래도 아직 세상은 살 만하다며 위안과 위로를 받는다. 그러나 사회 안전망의 부재가 불러오는 불안 속에서, 연대와 소속감을 바라면서도 남들을 믿을 수 없기에 그 누구도 먼저 나설 용기를 내지 못한다.

2020년대 한국 사회에서 공동체라는 개념은 조금은 진부한 동시에 지극히 이상적으로 들린다. 우리가 공동체를 다시 만들어내기란 매우 어려우며, 어쩌면 지금껏 살펴본 여러 문제의 진정한 해결도 불가능할지 모른다. 하지만 그렇다고 아무것도 하지 않을 수는 없다. 우리가 기대하는 모습이 아니더라도 최소한 더 나빠지지 않도록, 조금이라도 나아지도록, 악화하는 현실에 브레이크를 걸어야 하지 않을까.

공동체 '복원'이 답이 될 수 없는 이유

많은 사람이 각박한 현대사회를 살아가는 사람들을 보듬기 위해 공동체를 되살리고 파편화된 개인과 개인 사이에 끊어진 끈을 다시 잇자고 말한다. 그리고 바람직한 공동체의 특성으로 연대와 결속을 강조한다. 연대solidarity. 좋은 말이다. 우선 연대의 정확한 의미를 짚어보자. 사전적으로 연대란 여럿이 함께 무슨 일을 하거나 함께 책임을 지는, 또는 한 덩어리로 서로 연결되어 있다는 의미로 '함께'에 방점이 찍혀 있다. 집단 내부 구성원 간 혹은 집단 사이에서 서로 의지하며 돕고자 하는 정신을 곧 연대 의식이라 할 수도 있을 것이다.

연대와 자주 어울려 다니는 개념으로는 시민사회civil society를 들 수 있다. 영국의 철학자 존 로크는 시민사회를 정부(국가)와 구분해 설명했으며, 자유롭고 평등한 개인들이 모여 구성하는 사회라고 했다. 그에 따르면 권력을 가진 왕이나 교회조차 개인의 권리를 지키기 위한 시민사회의 질서에 간섭할 수 없다.

이러한 의견을 따라가다 보면 우리가 '되찾기' 원하는 공동체의 상(像)은 독립적인 개인 간 연대와 결속에 기반한 시민사회를 어느 정도 염두에 둔 것처럼 보인다. 다시 말하면 개인의 생명과 자유, 사유재산 등 사회를 구성하는 각각의 존재들이 가진 권리를 인정하고 존중하는 집단이라고도 할 수 있다. 그런데 잠깐, 이런 공동체를 복원한다고? 우리가 이런 공동체를 가져본 적 있던가? 한국 사회에 이런 형태의 공동체가 존재하기는 했었나?

사회를 유지하기 위해 우리 주변에 의미 있는 커뮤니티를 구성하는 일은 매우 중요하지만, 우리가 복원하려는 공동체가 무엇인지에 관해 한 번쯤 다시 생각해 봐야 한다. 독일의 철학자 헤겔에 따르면 시민사회는 가족과 국가의 중간에 위치하는데, 핏줄을 매개로 친밀하게 결합된 가족과 거대한 존재인 국가 사이에서 각종 제도와 체계를 망라해 개인의 삶을 뒷받침한다. 그런데 한국인에게 역사적으로 가족과 국가 사이에 존재했던 것은 이러한 시민사회가 아니라 앞 장에서 살펴본 바와 같이 마을과 지역, 이웃과 씨족을 핵심 기반으로 하는 '고맥락 관계주의' 공동체다.

우리가 무언가를 '복원'하고자 한다면 그것은 어디까지나 우리의 과거 경험에 절대적으로 의존할 수밖에 없다. 그렇다면 한국 사회가 '되살릴' 수 있는 공동체의 모습도 마찬가지다. 우리가 가진 공동체의 유산은 농사의 주요 과정에 함께 참여하며 서로의 집안 사정을 속속들이 파악하고, 어려울 때는 나와 내 가족의 울타리가 되어주면서도 가끔은 이웃을 향한 시기와 질투에서 자유로울 수 없었던 마을 공동체뿐이다.

우리에게는 독립적인 개인들이 느슨하지만 넓게 퍼진 채 연결되어 필요할 때는 한목소리를 낼 수 있는 연대의 경험, 그리고 다양한 의견이 공존하며 서로 존중하는 공동체의 경험이 상대적으로 부족했다. 조심스러운 마음에 오해가 없었으면 해서 덧붙이자면, 서양에서 태동한 시민사회와 우리의 마을 공동체를 비교해 우열을 가리려는 의도는 전혀 없다. 시민사회의 정의와 특징을 규명하거나, 무엇이 바람직한 모습의 공동체인지 다투려는 생각도 아니다.

이 이야기를 하는 까닭은, 지금까지 우리 사회에서 공동체 형성이 잘되지 않았던 여러 이유가 존재하고 현실적인 어려움 역시 많았으나, 가장 근본적으로는 우리가 경험해 보지 않은 공동체를 회복하려 하거나 무비판적으로 추구하려던 노력과 시도가 가장 큰 문제가 아니었을까 하는 의문 때문이다. 많은 학자가 이미 지적해 왔듯 한국 시민사회 형성과 발전 과정은 서양의 그것과 다르다.[1] 그러나 우리는 같은 형식과 절차 그리고 가치를 완전히 다른 토양에 그대로 가져와 이식하려고 하지 않았던가. 그러고서 개인의 권리가 보장되고 사회적 다양성이 존중되는 싹이 나지 않는다며 한탄하는 것은 절에 가서 젓국 달라는 꼴이나 마찬가지다.

경험의 부재 자체는 문제가 아니지만, 우리가 영위해 본 적없는 모델을 두고 회복과 복원을 이야기하는 것에는 의문을 표할 수밖에 없다. 이러한 고민은 우리에게 맞는 공동체의 모습을 그리기 전에 가장 먼저 점검해 봐야 할 사항이다. 일단 그러한 사실 자체를 바로 보고 인정하며 받아들인 후에야 진정으로 우리가 나아가야 할 방향을 정립할 수 있기 때문이다.

물음표가 떠오를 것이다. 그렇다면 우리가 지금까지 해온 일들은 무엇인가? 20세기의 여러 민주화 운동과 21세기에 일어난 수차례의 촛불집회 등을 통해 시민들은 정치사회적 의사를 적극적으로 표명했다. 이미 1960년대부터 시민운동이 존재했고, 권력이 자행하는 폭력에 항거해 거리를 메우고 수많은 희생을 치르며 정치적 민주화를 이루어냈다. 촛불집회의 기원 역시 종교계 주도의 1970년대 시국기도회[2], 1980년대 6월 항쟁 시기 집회[3] 등으로 거슬러 올라간다.

현재 사람들은 주말 도심에서 열리는 집회로 인해 발생하는 일상적인 불편을 토로하고 웬만한 일이 아니고서는 굳이 거리로 나오려고 하지 않는다. 그러나 무언가 또 큰일이 생긴다면 당연히 광장에 나오리라 생각할 만큼 모이는 것을 당연시하고 매우 '자연스럽게' 여기게 되었다. 꼭 무거운 주제와 목적이 없더라도 가볍게 나와서 즐길 수 있다는 것, 그래도 된다는 것을 알게 되었고, 촛불에 메시지를 담으면서도 집회와 시위조차 가족과 친구들끼리 소풍 나오듯 축제로 만들어가기에 이르렀다. 이 정도 성숙한 시민의식이라면 세계 어디에 내놓아도 부족하기는커녕 귀감이 될 만하다. 우리에게 연대의 경험이 없다고 할 수 있는가?

우리 사회가 가진 저력을 확인할 때마다 자라나는 뿌듯하고 자랑스러운 감정과는 별개로, 한국 사회의 '연대'에는 개인들이 모여 신뢰를 기반으로 서로 존중하고 배려하는 공동체의 모습과 바로 연결 짓기에는 고개를 살짝 갸웃하게 하는 중요한 특징이 있다. 바로 국가 권력의 수탈과 폭거에 저항하거나, 위기에 빠진 국가를 구해야 하는 절체절명의 순간에만 연대가 일어난다는 점이다. 4·19 혁명, 5·18 광주 민주화 운동, 6·10 항쟁 등 주요 민주화 운동 및 독재 정권 반대 운동 등은 전자, IMF 시기 금 모으기 운동이나 박근혜 전 대통령 탄핵 촛불집회 등은 후자에 가까운 경우라고 할 수 있다.

이는 독립적인 개인들의 권리 보장을 위한 결속이라기보다 체제에 대한 불만을 표출하는 민란(전자)이나 나라를 지키고자 분연히 떨쳐 일어나는 의병(후자)에 가깝다. 예로부터 재난과 기근 등이 닥쳤을 때 관에서 제대로 대처하지 못하거나 포악한 수탈을 자행할 때면 백성들은 참다 못해 들고 일어났다. 임진왜란처럼 외세의 침입으로 국토가 황폐해지고 나라가 바람 앞의 등불 처지에 몰린 존망의 기로에서 왕과 고관들이 항전을 포기하고 도망칠 때도 백성들은 평소 자신들을 위해 무엇 하나 제대로 해준 적 없던 국가를 수호하려고 무기를 들었다. 이러한 전통은 19세기 말과 일제강점기 각지에서 일어난 의병으로 이어진다.

현대의 촛불집회를 이러한 맥락에서 읽어보자. 2008년 촛불집회의 본질은 국민이 우려하는 지점을 차분하게 설명하고 설득하기보다 무시로 일관한 정부를 향한 불만이 터져나온 민란에 가까우며, 2017년 말 촛불집회는 무너져 가는 나라를 그냥 두고 보지 않겠다는 구국의 일념이 분출한 현대판 의병이라고 부를 수 있다. 과거 IMF 구제금융 시기 전 국민이 동참한 금 모으기 운동의 기저에는 '국난 극복'이 있으며 다들 아시다시피 일제강점기 국채보상운동과 역사적 궤를 함께하는데, 이 역시 본질은 의병 활동과 같다. 민주화 항쟁의 경우가 조금 다르다고 할 수 있는데, 기본적으로는 민란의 성격을 지녔지만 정권을 전복하고 정치적 민주화를 이루어내기 위한 시민혁명의 특성이 함께 존재한다.

이 모든 연대의 공통점이자 핵심 가치는 국가다. 물론 동서양을 막론하고 국가에 속한 어떤 작은 집단이라도 국가와 불가분의 관계를 맺으며, 이는 서양의 중세 봉건 체제와 시민사회 역시 예외가 아니다. 한국인이 아니더라도 누구에게나 국가는 굉장히 중요한 가치를 지닌다. 열기로 가득 찬 월드컵 축구 경기장을 떠올려보라. 어느 나라에서 온 응원단이든 국기를 몸에 두르고 자신들의 국가를 나타내는 상징색으로 얼굴과 몸을 칠한 채 선수들의 몸짓 하나하나에 열광한다.

그러나 국가에 대해 한국인이 갖는 감정은 독특한 면이 있다. 4년마다 돌아오는 월드컵과 올림픽에 나서는 국가 대표팀 선수들에게 보내는 성원의 강도와 해당 종목에 대한 평소 관심도 사이에는 그 어떤 유의미한 관계도 존재하지 않는다. 물론 우리는 선수들을 사랑하고 그들이 좋은 성과를 내서 그동안의 노력에 대한 보상을 받기를 진심으로 원하지만, 그건 어디까지나 그들이 '국대'라는 정체성을 입었을 때 일이다.

우리는 유달리 강하게 국가와 자신을 연결하는 성향을 지녔으며 국가가 곧 자기 정체성의 주요 부분을 구성한다. 한국인의 연대에는 '국가'가 필수 요소이고, 여기에 일부 '지역' 요소가 더해지는데 공통점은 그것을 자신의 정체성으로 받아들인다는 것이다. 즉, 유의미한 수준으로 자신과 동일시한다. 따라서 사람들이 대규모로 어떤 가치를 공유하며 모이기 위해서는 국가가 자신들을 괴롭히는 '선을 넘거나', 위기에 처하거나, 혹은 어떤 국가적 정체성을 형성할 때로 한정된다. 다시 말하면 한국인의 집단 활동을 이끌어내려면 국가 개념의 개입이 필수적이다.

지구 반대편 사람들과 우리가 지닌 가치관의 결정적인 차이점을 여기에서 찾을 수 있을 듯하다. 혹은 '개인의 존재 여부'로 바꾸어 말해도 좋을 것이다. 국가가 부각될수록 개인은 사라진다. 독립적인 낱낱의 사람이 없는 곳에서는 개인과 국가가 대등한 축을 이루거나 개별 존재들이 모여 국가를 구성하는 대신 국가가 개인 위에 군림해 그들이 드러나지 않도록 만든다. 옳고 그름이나 가치관 간 우열을 떠나, 개인이라는 실체를 뚜렷하게 의식하지 못하고 관계 그물망 속 구성 요소로 판단하는 사회에서 개별 존재가 누리는 권리에 대한 인식이 싹트기란 매우 어렵다.

사회 주요 이슈에 참여하는 한국 시민의 태도는 분명 성숙하다. 유럽의 여느 나라들처럼 폭력과 방화가 일어나지 않는 것은 물론, 그렇게 많은 인원이 모여 강력하게 주장을 펼치면서도 집회가 끝나면 직접 뒷정리를 마친다. 그러나 이러한 시민의식이 내 주변의 타인에까지 이어지지는 못했던 것 같다. 우리가 국가라는 개념을 내려놓고 연대해 본 적이 있을까? 일부 집단의 이해관계를 넘어 보편적 권리 보장을 위해 국민 다수의 뜻을 모아 싸워본 경험이 얼마나 될까?

약자와 소수자의 권리를 지키고 확대하기 위한 노동, 장애인, 인권 운동 등은 매우 중요하고 또 필요하지만 폭넓은 대중의 지지를 받는 데 어려움을 겪어왔다. 최근 몇 년간은 그나마 가지고 있던 당위성마저 부정당하는 추세다. 물론 개별 노조와 단체의 이기적인 면도 틀림없이 존재한다. 그러나 대다수 언론 기사는 물론 영화와 드라마 등 문화 예술 영역에 이르기까지 모두 중산층을 표준으로 삼는 상황에서 '정상적인 삶'과 동떨어진 모습은 태생적으로 공감과 응원을 이끌어내기 어렵다. 그들과 우리는 다르다고 생각하기 때문이다.

예를 들어 한국 사회에서 노동이라는 단어는 크게 북한이나 노조, 아니면 육체노동자를 상징하는데, 셋 다 평균적인 보통의 중산층을 지향하는 다수 시민에게 긍정적인 이미지를 주지 못한다. 그 결과 우리는 노동자이면서도 자신에게 노동자 정체성을 부여하지 않으며, 오히려 나는 그들과 다르다고 차별화하고 우월감을 느끼기도 한다.

공감과 연대보다 피아 식별과 편 가르기가 만연한 사회 분위기에서 개인의 다양성을 존중하고 권리를 보장하는 공동체를 되살리자는 구호는 이불성설이다. 공동체 '복원' 이전에 우리가 만들어갈 수 있는 공동체의 밑그림을 그리는 일이 먼저다.

시작은 긍정적인 공동체의 유산으로

어떤 형태를 가진 공동체가 한국 사회에 적합하다고 할 수 있을까? 그리고 어디에서 첫걸음을 떼면 좋을까? 우리에게도 공동체의 유산은 분명 존재한다. 그 유산을 시작점 삼아 만들어볼 수 있는 공동체가 있다면, 그것은 농업 중심 사회의 마을 공동체를 원형으로 할 것이다. 사실상 우리가 경험해 본 유일한 공동체이자 그나마 현실적으로 당장 시도해 볼 수 있는 공동체라고 할 수 있다.

하지만 3장에서 살펴보았듯, 20세기 중반 이후 도시로 이식되어 유지되던 우리 주변 공동체의 자취를 찾아보기란 매우 힘들어졌다. 오히려 층간 소음이나 실내 흡연 등 아파트를 중심으로 한 공동주택 갈등이 점점 커지고 늘어나는 실상이다.

주거 환경을 둘러싼 여러 다툼을 접하다 보면 이제는 정말 이웃사촌이라는 단어는 구시대의 유물이자 박물관으로 보내버려야 하는 개념이 된 게 아닐까 하는 생각마저 든다. 윗집과 아랫집, 그리고 옆집 간 불화를 다룬 포털 뉴스 기사가 점점 더 자주 눈에 띄는 상황이니 주변 이웃들과 서로 얼굴 붉히고 살지나 않으면 다행이다. 2020년대 한국 사회에서 공동체란 것이 과연 실현 가능한 무엇이기는 할까?

그러나 우리 주변의 공동체가 완전히 소멸하지는 않았다. 믿기 어렵겠지만 여전히 존재한다. 몇십 년 된 저층 빌라나 구축아파트에서만 겨우 명맥을 유지하는 것도 아니다. 지어진 지 얼마 되지 않은 서울과 수도권의 아파트에서도 과거와 유사한 공동체가 굴러가고 있다.

인천의 한 아파트에서는 크리스마스를 맞아 트리 점등식과 함께 단지에 거주하는 기타리스트를 초청해 작은 음악회를 열었다. 또한 입주민들 스스로 준비하는 축제와 장터를 기획해 큰 호응을 얻는 한편 다양한 체험 부스를 마련해 아이들이 이웃집 친구를 만들 수 있도록 했다.[4] 서울에도 '친환경 비누 만들기', '비즈 팔찌 만들기' 등 함께할 수 있는 프로그램을 시행하거나[5] 경로당과 어린이집이 연계해 세배와 한복 입는 방법을 가르치는 등 여러 세대가 어울리며 소통하는 기회를 만드는 아파트들이

있다.[6]

이러한 공동체는 입주민 사이를 연결하고, 가족 안에 고립되어 바로 옆집에 사는 주민들마저도 경계하는 데서 오는 피로감을 내려놓게 해준다. 사례로 제시된 단지 주민들은 이런 아파트에 살 수 있다는 사실을 행복하게 생각했고 미국인 주민조차 김장 행시에 참여한 후 높은 만족감을 나타냈다.

깊은 속내까지 나누지 않더라도 여차하면 믿고 의지할 수 있는 사람들이 주변에 존재한다는 사실만으로 정서적 삶의 질은 엄청나게 올라간다. 실제로 기대지 않더라도 내가 정말 힘들고 필요할 때 그렇게 할 수 있다고 믿는 사람이 주변에 단 한 명이라도 있는 것과, 그럴 만한 사람이 아무도 없다고 생각하는 것은 어마어마한 차이다. 공동체는 이러한 심리적 안전망이 되어줄 뿐만 아니라 가족과 사회의 간극을 줄여 그 둘을 오가는 개인들의 스트레스를 완화해 줄 수도 있다.

더불어 층간 소음처럼 우리 주변에서 일어나는 갈등 해소에도 긍정적 역할을 할 수 있다. 아파트란 제한된 공간에서 집단을 이루며 살아가는 형태를 띠기에 어느 정도만이라도 기능하는 공동체가 일단 만들어지기만 한다면 이웃 간 다툼을 적극적으로 중재할 수 있다. 이웃사촌과 마을 공동체가 갈등 발생 자체까지 막을 수는 없어도, 충돌이 커지고 반목이 지속되어 칼부림까지 불러오는 사태는 충분히 방지할 수 있다. 모든 인간관계에서 대립이 격화하지 않도록 선을 그어주는 것은 결국 소통이기 때문이다.

이에 더해 '현대적 마을 공동체'를 통해 기대할 수 있는 가장 바람직한 결실을 꼽는다면 가족의 경계가 넓어지는 효과다. 공동체가 자리를 잡아 구성원 간 신뢰가 쌓인다면 단순히 이웃 간 정을 나누는 차원을 넘어 가족의 테두리 안에서만 가능했던 물질적·정서적 지원과 교류가 가능해진다.

예를 들어 공동 육아를 고려해 볼 수도 있다. 물론 실질적으로 도움이 될 만한 수준의 공동 육아를 위해서는 구체적으로 합의해야 할 사항이 많기에 단지 공동체가 형성되고 작은 믿음이 생긴다고 해서 즉각 유의미한 변화를 가져오기는 어렵다. 그러나 육아에 따르는 시간과 비용, 에너지 부담을 줄일 수 있다는 '가능성'만으로도 현재 한국 사회에서 웬만한 정책과 예산 지원으로 확보하기 어려운 성과다. 육아를 조금이라도 긍정적으로 고려해 볼 토대가 마련된다면, 실제 정착까지는 시간이 걸릴지언정 충분히 희망적인 메시지를 전달할 수 있다. 나아가 육아 부담 완화를 현실화할 수 있다면 자연스레 출산율 상승을 기대할 수 있고, 점차 일부 중산층만이 여유롭게 누리는 것으로 받아들여지는 결혼에 대한 장벽 역시 낮출 수 있을 테다.

하지만 현재 효과적으로 운영되고 있는 아파트 공동체는 극소수에 불과하다. 여러 잠재적 장점에도 불구하고 이러한 긍정적 공동체의 기운을 주변으로 전파하며 대세를 형성하기에는 아무래도 무리가 많아 보인다. 아파트 공동체는 현실적인 대안일까? 말만 번지르르한 이상주의의 반복에 그치는 건 아닐까? 쉽지 않다면 과연 무엇이 걸림돌일까?

가장 근본적인 문제는 시간, 즉 거주 기간이다. 잦은 이사 탓에 한 동네 혹은 한 아파트에서 오래 살지 않는 사람들이 많다. 한국의 인구 이동률은 2022년 12퍼센트로 집계되었다.[7] 나열된 숫자만으로는 체감이 어려운데 전체 인구 중 10퍼센트가 넘는 수(2022년 기준 615만 명)가 작년 한 해 동안 주거지를 옮겼다는 뜻이다. 특히 젊은 청년들의 경우 더 자주 거주지를 옮기게 되는데 청년 1인 가구의 평균 거주 기간은 1.4년에 불과해 평균 6.2년을 한 집에서 사는 일반 가구에 비해 현저하게 짧다. 이는 월세 비중이 높은 청년층의 주거 현황과도 무관하지 않다.[8]

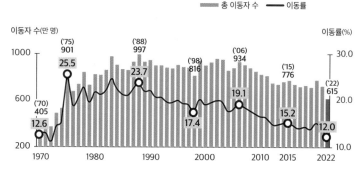

국내 이동자 수 및 이동률 추이 (통계청, 2022년 국내인구이동통계 결과)

다른 국가와 비교해도 우리나라 사람들이 자주 이사를 하는 편이다. 이웃인 일본은 4퍼센트 가량의 이동률을 유지하고 있고 미국의 경우 점차 감소해 2021년에는 8.2퍼센트로 나타났다.[9] 이사가 잦을수록 현재 살고 있는 지역에 뿌리내리고 애착을 형성하기 어려우리라고 예상할 수 있다. 아파트를 소유한다고 해서 자기 집에 오래 산다는 보장은 없으며, 대부분 세입자는 곧 이사를 갈 확률이 높은 까닭에 굳이 같은 동에 사는 이웃 주민들과 인사를 하고 지낼 필요를 느끼지 못한다. 이러한 실상이 아파트 단지마다 유의미한 공동체가 형성되기 어려운 이유라 할 수 있다.

　　어떻게 하면 좋을까? 시간이 문제라고 했으니 거주 기간을 늘려야 할까? 그렇다고 해서 사람들에게 이사 가지 말라고 할 수는 없는 노릇이다. 공동체 만들자고 오래 살라고 할 수는 없지 않겠나. 결혼으로 인한 분가, 계약 기간 만료, 전근이나 이직, 아이들 교육, 시세 차익 확보 등 이사의 이유는 다양하다. 국내 이동률은 감소 추세이고 앞으로도 그럴 테지만, 단기간 내 잦은 이사 경향이 금세 사라지지는 않을 것이다. 거주 기간을 늘려서 자연스럽게 공동체가 형성되기를 기대한다는 건 그저 감나무 아래에서 감이 떨어지기만을 기다리는 것과 다를 바 없다.

　　사실 아파트 등 공동주택의 공동체를 활성화하자는 논의가 없었던 게 아니다. 형식적인 반상회와 동대표 회의를 넘어선

주민자치회의 개최나 입주자대표회의와 지방자치단체 간 협의체 구성 등 실천적인 방안도 이미 제시되어 있다.[10] 정부 지원도 부족하나마 이루어지는 중이다. 주로 기초지자체(서울로 치면 구청) 주도로 앞선 사례들에서 살펴본 바와 유사한 공동체 활성화 프로그램을 운영한다. 아무래도 개별 아파트 단지에 국가나 광역단체가 직접 개입히거나 권고하는 모양새보다는 기초지자체 차원에서 공동체 활성화를 위한 지원과 편의 보장을 확대하는 편이 바람직해 보인다.

그러나 유의미한 공동체를 만들어내기란 여전히 난망하다. 왜 어려운가? 공동체를 형성하는 데 있어 첫 번째 전제조건이자 필수 불가결한 요소인 '사람'이 없기 때문이다. 한 인식 조사 결과는 우리가 평소 이웃들과 인사나 교류를 하지 않는 이유를 어느 정도 가늠케 해준다.[11] 사람들은 애초에 이웃과 마주칠 일이 많지 않고(58.6퍼센트, 중복 응답), 교류하지 않아도 불편하지 않으며(50.8퍼센트), 이는 연령이나 거주 지역, 가구 형태에 따라 달라지지 않았다.

환경적으로 이웃에 사는 주민들을 마주칠 일 자체가 거의 없고, 만나봤자 어색해 모르는 게 편하다면 군이 만날 필요를 느끼지 못하는 것이 당연하다. 주민자치를 확대하고 지자체 연계 등 각종 지원이 이루어지더라도, 공동체에 참여하고자 하는 주민이 없다면 무용지물이다. 실질적인 여건이 갖추어진다 한들 사람 없이 할 수 있는 일은 없다.

그런데 이들이 공동체에 대한 관심이나 의지가 아예 없는 가 하면, 그게 또 그렇지가 않다. 동일한 조사에서 응답자의 약 절반 가량이 향후 동네 사람들과 교류하며 지낼 의향이 (조금씩 줄어들기는 해도) 있다고 밝혔다. 그뿐만 아니라 무려 열 명 중 여덟 명이 동네 친구 한두 명은 있었으면 좋겠다고 대답했다.

경제적 자유를 필두로 각종 사회적 성공을 달성하려는 욕망 추구가 아무리 대세라 해도, 점점 고립되고 외로워지는 현대 사회에서 정을 나누며 살 수 있는 이웃과 공동체에 대한 욕구는 분명 살아 있다. 많은 사람이 이웃과 교류를 하지 않는 가장 큰 이유는 이웃을 만나고 싶지 않고 공동체 참여를 싫어해서라기 보다는(그런 이들도 분명 있겠으나), 부담 없이 쉽게 접근 가능한 공동체 자체가 존재하지 않기 때문이라고 봐야 할 것이다.

공동체를 만들고 유지하고자 하는 노력은 주민들의 삶에 정서적 안정감을 부여하고 한 동네에 더 오래 살고 싶은 마음이 들게 하여 자연스럽게 거주 기간을 늘리고 커뮤니티를 더 끈끈하게 만드는 선순환의 시작이 될 수 있다. 공동체 프로그램에 참여한 주민 대상 조사 결과, 응답자 중 70퍼센트가량이 이웃 간 유대감과 주민 활동에 대한 관심과 참여가 증가했다고 답변했다.[12] 사람들의 마음에는 사람답게 살 수 있는 따뜻한 공동체를 이루고자 하는 욕구가 있으며, 공동체의 존재 덕분에 짧든

길든 지내는 동안 삶의 질이 올라간다는 점은 어느 정도 검증이 되었다는 뜻이다.

현대사회에 유의미한 공동체를 다시 구현하는 일은 결코 쉽지 않다. 그러나 그나마 현실적으로 우리가 '당장' 시도해 볼 수 있는 유일한 커뮤니티가 있다면, 한국인들이 실제 경험해 보았고 기억하고 있는 현대적 마을 공동체뿐이다. 입주자 간 갈등이 새로운 양상으로 일어날 가능성을 배제할 수는 없으나 도시 공동주택에 존재했던 과거 공동체의 모습을 간직하는 세대가 아직 다수이기에 충분히 가능하다. 방법이 없는 것이 아니다. 실천이 어렵다. 과감하게 시작하고 시간을 두며 운영해 간다면 분명 눈에 보이는 변화를 불러올 것이다.

무엇보다 우리가 그러한 공동체도 만들어내지 못한다면, 한국 사회에 진정으로 필요한 확대된 사회적 공동체, 즉 개인의 권리 보장과 상호 존중 및 배려를 토대로 쌓아갈 수 있는 시민 사이의 연대와 결속은 앞으로도 그저 이상적인 구호에 불과할 것이다. 이미 알고 있는 모습의 공동체도 다지지 못할 신뢰 수준으로 어떻게 나와 전혀 관련 없고 알지도 못하는 타인에게 공감하고 협력할 수 있겠는가.

새로운 한국형 공동체로 가자

현대적인 마을 공동체는 그 자체로 여러 긍정적 가치가 있으며, 파편화되어 섬으로 존재하는 개인들이 가진 깊은 불안과 타인에 대한 불신의 강도를 낮춰줄 수 있다는 점이 무엇보다 중요한 기대 효과라 할 수 있다. 일단 나만 잘살면 그만이라는, 충분히 이해할 수 있지만 차마 바람직하다고는 할 수 없을 이기심, 그리고 돈을 제외한다면 믿을 것 없는 이 세상에서 생존을 위해 필수적으로 장착해야 하는 경계심, 이 둘을 양대 축으로 삼아 타오르는 우리의 날 선 욕망도 조금이나마 무뎌질 것이다.

여기까지 만들어내기도 결코 쉽지 않을 테고, 이 정도만 해도 지금보다는 훨씬 살 만한 사회가 되겠지만 궁극적으로는 한 걸음 더 나아가야 할 필요가 있다. 아파트와 공동주택을 기반으로 하는 공동체는 해당 단지를 넘어서는 순간 파급력을 상실한다. 나와 내 가족, 조금 더 나아가 우리 단지 주민과 관계없는 타인에게는 공동체의 따스한 기운이 가닿지 않는 것이다. 그 영역에서 한 발짝이라도 멀어지는 순간 여전히 선명하게 그어진 선을 맞닥뜨리게 되며 그것을 경계로 나와 남, 우리와 그들은 냉정하게 갈린다. 그리고 선 밖에 있는 사람들에게 우리는 여전히 어떤 관심도 두지 않을 것이다.

지금 우리 사회에 진정으로 필요한 건 그 선을 조금 희미하게 만드는 것이다. 나아가 보호막으로서의 선은 유지하되 사람들이 서로 조금 더 쉽고 편하게 오갈 수 있도록 하는 것이다.

누군가는 이렇게 물을 것이다. 왜 그렇게까지 해야 하느냐고. 아파트 단지 내에서 의미 있는 인간관계를 만들어내는 것만으로도 이미 충분히 어려워 보이는데 뭘 더 하느냐고. 나는 너무 바쁘고 정신없이 하루하루 살아가기 힘에 부치는데, 굳이 알지도 못하는 사람들에게까지 관심을 가질 필요가 있는 거냐고. 어쩌면 현대적 마을 공동체의 활성화에 동조하는 사람들조차 그 이상의 무엇을 기대할 이유는 없다고 생각할지 모르겠다.

그러나 옛 농촌 공동체의 원형을 2020년대 한국 사회에 새로이 이식한 집단적 가치의 본질은 '내 가족'의 영역이 조금 더 옅은 형태로 확대되는 것에 불과하다. 가족과 타인 사이에 존재하는 굵고 뚜렷한 경계는 그대로인데 그 선이 조금 더 멀리 그어졌을 따름이다. 이를 현대사회에 적합한 공동체의 모델이라고 하기는 어렵다.

옛날에는 생애를 통틀어 태어난 행정구역 밖으로 나갈 일조차 거의 없었다(요즘도 시골에서 평생 살아온 사람들은 면 단위 밖으로 잘 나가지 않으며 가끔 읍내에 가는 정도다). 20세기 중후반 도시로 상경한 농민들이 그들의 공동체를 옮겨왔을 때도 일상의 영역은 여전히 제한적이었다. 집과 가족은 최후의 보루이자 안식처였으며, 직장에 오갈 때를 제외한다면 동네를 크게 벗어날 일이 많지 않았다.

그러나 이제 사회의 '범위'가 지나치게 넓어졌다. 현재 우리는 매일 셀 수도 없이 많은 사람과 만나고 또 스쳐 지나간다. 외딴 섬만 아니라면 국내 어디든 당일치기 왕복이 가능하고, 마음만 먹으면 만 하루 내외로 전 세계 어디든 갈 수 있다. 하물며 잠에서 깨어나면 접속하고 다시 잠들어야만 로그아웃하는 온라인 세상은 말해 뭐할까. 우리가 만나고 상대해야 하는 사람, 대처해야 하는 상황의 수는 이전과는 비교할 수 없을 만큼 많다. 여기에서 파생되는 수많은 이해관계를 헤아리고 조율하는 건 현대사회가 부여하는 가장 근본적인 스트레스다.

우리가 추구해야 할 한국형 공동체의 핵심 가치는 넓은 범위의 구성원 간 신뢰에 기반한 다양성 확장이다. 현대적 마을 공동체는 우선 불안과 불신의 완화를 통해 정서적 안정감을 얻은 사람들이 각자 사회로 나가 다양한 사람과 더 건강한 소통과 교류를 하도록 해줄 수 있다. 하지만 그보다 더 절실하게 요구되는 역할은 그러한 소통과 교류를 바탕으로 더 나은 사회적 공동체를 만들기 위한 토대가 되어주는 것이다. 이전 방식을 따르는 공동체 구현만으로는 점점 더 빠르게 변화하는 세상의 니즈를 맞출 수 없다. 전통적인 마을 공동체는 나와 '다른' 사람에 대한 관심과 배려, 신뢰와 관용을 가르치지 않기 때문이다.

피아 식별은 한국 사회에서 살아남기 위해 중요하다고 여겨지는 태도이며 때로는 '권장'되기도 한다. 우리는 실재적·잠재적인 적을 최대한 빠르게 솎아내어 편 가르기 하는 세태에 익숙하다. 기성세대와 젊은 세대, 남성과 여성, 임대인과 임차인, 경영자와 노조, 대표와 직원, 사장과 알바생, 서비스 제공자와 고객에 이르기까지 분열과 대립은 점점 선명해진다.

하지만 사람과 사람 사이의 관계를 어디 그렇게 단면적으로 갈라칠 수 있던가. 소위 개념이라고는 밥 말아 먹었냐는 젊은이들은 누군가의 아들과 딸이고, 꼰대 부장이나 지하철에서 큰소리로 통화하는 어르신은 누군가의 어머니와 아버지다. 나이를 먹으면 어릴 때 욕했던 기성세대가 바로 나 자신이 된다. 어디에서건 일하고 있다면 너 나 할 것 없이 모두 노동자이지만 어느 날 사업자 신고를 하게 된다면 그날부터 사장으로서 모든 사안을 바라보게 될 수도 있다.

우리는 삶의 모든 영역에서 항상 다수파에 속할 수만은 없다. 어떤 방면에서는 필연적으로 소수자가 된다. 특정 부분에서는 대립할지라도 다른 부분에서는 비슷한 처지가 된다. 그렇게 다 이어져 있다. 연관성이라고는 눈을 씻고 보아도 찾기 힘든, 나와 엄연히 '다른' 사람들이라 해도 연결고리가 전혀 없다고 할 수는 없다.

나와 함께 하나의 사회를 이루는 구성원들의 아픔에 공감하고, 서로의 어려움을 이해하며, 개인과 모두의 권리를 위해 힘을 합치고 목소리를 낼 수 있는 공동체가 우리가 궁극적으로 지향해야 할 모습이다. 내 주변에서 출발해 사회 전반으로 확대된 공동체는 일상의 안정감뿐 아니라 사회적 신뢰와 연대 확장에도 유의미한 기여를 할 수 있을 것이다.

단기적으로는 현대 주거공간에 적합한 가까운 공동체에서 출발해 사람들이 내면에 감추어둔 관계의 결핍을 먼저 채워주는 데 집중해야 한다. 연대란 결국 주변과 타인에 대한 관심에서 출발하는데, 현재 자신의 삶이 불안하고 미래를 설계할 수 없는 상황에서 남들에 대한 관심이나 관용이 싹트기는 어렵다. 일단 손에 잡히는 가까운 공간에서 정서적 안정을 찾아야 주변으로 눈을 돌릴 수 있다는 데 우리가 경험해 본 공동체를 살려내는 의미가 있다.

그 이후 중장기적으로 새로이 형성된 공동체에 가족의 범위 밖에 있는 타인을 향한 배려와 존중의 가치를 덧입히는 것이다. 이를 위해 아파트 공동체와 사회적 연대 중간에 지역사회 공동체를 완충 장치로 끼워 넣는 것도 좋은 방법이다. 지역주민들의 참여를 끌어내기 만만치 않겠으나, 현재도 이미 지역사회와 연계한 공동주택 공동체가 존재한다. 고등학생들에게 초등학교 아이들을 가르치게 하거나, 아파트 축제나 행사 수익금을 지역사회에 환원하며 어우러지는 등 공동체의 범위를 넓힌 선례가 있었다.[13] 이는 지역사회 유대감을 끌어올림과 동시에 다시 아파트 단지별 공동체의 활성화에도 긍정적인 영향을 미친다.

　한국 사회가 기본적으로 낮은 신뢰 수준을 보여주고 있다고는 해도, 우리에게는 불특정 다수에 대한 경계와 믿음이 공존한다. 이 가능성에 주목할 필요가 있다. 상호 신뢰를 기반으로 서로의 다양성을 받아들이고 존중하는 연습이 필요하다. 하루 아침에, 단번에 되는 일은 없다. 그러나 그것이 '되지 않는다'는 의미는 아니다. 독립적인 개인들의 건강한 연대와 결속은 그러한 토대 위에 그려볼 수 있을 것이다.

　더 근본적으로는 사람들이 차츰 섞이는 방향으로 정책과 제도 지원을 병행해야 한다. 또한 끼리끼리 좁게 뭉치기보다 다양한 사람과 어울리는 것이 단순히 듣기 좋은 말이 아니라 개인의 삶에 실질적 이득임을 보여줘야 한다. 환경, 노동, 인권, 평화 등 기본권 보장을 위한 시민들의 연대를 원하는 사람들이 주목해야 할 지점도 여기에 있다. 사람들의 실리를 건드리지 않는 대의명분은 호소력이 떨어지는 시대다.

　서구 시민사회적 가치가 무조건 옳다거나 기존 마을 공동체의 회복만으로 충분하다는 의견은 모두 바람직하지 않으며, 우리를 지속 가능하게 하는 새로운 형태의 공동체를 함께 '만들어가야' 한다. 그런 과정에서 한국적 농촌 마을 공동체와 서구 시민사회 각각의 긍정적 면모를 융합해 현대 한국 사회에 알맞은 공동체가 자리 잡도록, 아웅다웅하면서 사회 다수가 수용 가능한 다양성의 범위를 조금씩 넓혀가는 노력을 해야 한다.

그것은 내 주변에 실제로 존재하는 작지만 연결된 진짜 공동체이자, 확대된 가족적 공동체를 기반으로 모인 시민들이 상호 신뢰를 바탕으로 꾸리는 진정한 연대가 될 것이다. 그리고 그럴 때 비로소 국가 폭력에 맞선 저항이든, 국가를 구하기 위한 항거이든 국가 정체성을 중심에 놓는 연대를 넘어설 수 있을 것이다.

물론 이러한 공동체를 어렵게 수립한다 한들, 그 즉시 불평등이 완화되는 등 모든 사회문제가 일거에 해결되지는 않을 테다. 다만 복잡한 이해관계를 조정해 나가며 실질적 해결 방안을 시행하는 데 촉매 역할을 해주리라는 기대는 충분히 품어볼 만하다. 공동체는 구성원들에게 안정감을 부여하고 그들의 욕망을 완화하는 효과만으로도 충분히 의미 있지만, 우리에게 주어진 여러 중대한 사회문제 해결의 마중물이 될 가능성 역시 지니고 있다. 우리는 필연적으로 섬으로 존재할 수밖에 없지만, 그래도 섬과 섬 사이에 다리를 놓는 것 정도는 해볼 만한 일이지 않을까.

이러한 공동체 안에서 건강한 개인으로 살아갈 때, 우리는 불안을 해소하고 생존 욕구를 채우기 위해 겉으로 더 나은 모습을 보이려 아등바등하는 대신 진정한 삶의 만족을 누릴 수 있다. 그리고 다른 이들에게 뒤처지지 않고자 하는 사회경제적 강박에서 자유로워진 후 행하는 모든 경제 활동이, 곧 우리가 추구해야 마땅한 '경제적 자유'일 것이다.

다양한 성공, 다채로운 만족

한국형 성공 방정식을 새로 쓸 수 있을까

도시로 옮겨온 마을 공동체, 다수 구성원이 공유했던 목표 혹은 공공의 적 등 20세기 중후반 우리 사회가 가졌던 '공공' 혹은 '공동'적인 가치들은 시대 변화에 따라 이해관계 충돌과 갈등을 완화하는 데 한계를 나타냈다. 공공성은 2020년대에도 여전히 유효하며 지속 가능한 사회를 위해 필수적인 개념일 테지만, 현대 자본주의 체제에서 개인의 욕망이 본격적으로 드러남에 따라 각자의 사회경제적 욕구를 충족하기 위한 움직임과 점점 더 자주 그리고 더 크게 부딪히고 있다.

게다가 우리 사회에서 공공성이라는 단어 자체가 굉장히 부정적으로 소비되는 경향이 급속도로 커지고 있다. 아파트, 일자리, 청년 정책, 연금, 실업 등 '공공'의 성격이 붙는 모든 영역은 시장의 자율성과 이익에 반하는 불공정한 무엇으로 여겨지기 일쑤다.

현내적 이웃사촌을 님어서는 의미와 가치를 갖는 한국형 공동체의 형성은 사람들 사이의 갈등과 이해관계를 부드럽게 조정하고, 날로 심화하는 경쟁의 강도를 조금이나마 약화시키는 등 여러 긍정적인 영향을 가져올 수 있을 것이다. 우리가 가진 가장 근원적인 문제인 불안과 신뢰를 직접 건드려 변화를 촉진한다는 점에서 그 무엇보다 중요하다고도 할 수 있다.

하지만 오랜 시간과 사회 구성원 다수의 참여가 필요하기에 현실 세계에서 구현해 내기는 결코 만만치 않으며, 모두의 노력 끝에 어느 정도 안착시킨다고 해서 하루아침에 행복해질 수도 없다. 공동체만으로는 현재 한국인들이 간절하게 원하는 부를 창출하거나 집을 지어주지 못하고, 한국 사회의 가장 큰 문제로 지적받는 불평등을 완화하고 격차를 줄여주지도, 양질의 일자리를 만들어내지도 못하기 때문이다. 현대적 공동체는 조금 더 나은 사회로 가기 위한 중간 목표이자 다음 단계로 넘어가는 문턱을 낮춰주는 디딤돌이라 봐야 할 것이다.

건강하고 새로운 공동체를 통한 공공성의 회복 역시 도모하되, 우리는 조금 더 본질적이며 장기적인, 그리고 공동체 형성보다 훨씬 더 어려운 과제에 정면으로 맞닥뜨려야만 한다. 한국적 성공 기제의 전환이 그것이다. 지난 논의를 통해 한국 사회의 성공 방정식은 '시험 합격을 통한 간판 획득-아파트로 대표되는 자산 소유-더 많은 소득 창출'로 요약 가능하며, 현대에 넘어와 새롭게 정립되었다기보다 근대 이전부터 내려오던 모델의 변형된 형태로 볼 수 있다는 점을 이야기했다. '시험-아파트-돈'이라는, 욕망을 향한 견고한 삼위일체의 해체는 가능한가?

시험으로 모든 걸 가리는 일원화된 평가 방식에 대한 비판은 어제오늘 일이 아니다. 물론 시험으로 사람을 선발하는 체제는 장점도 많다. 긍정적인 면 없이 이토록 오랫동안 작동하기란 불가능하다. 현대사회의 고시와 공채 등 주요 선발제도는 학연과 지연, 혈연 등 각종 비공식적 네트워크의 개입을 차단하고 시험을 치러 공정하게 사람을 뽑는다는 건설적 대의를 갖추었다. 응시자로서는 자신의 능력으로 열심히 노력하기만 하면 기회를 부여받을 수 있고, 국가와 기업 등 선발 주체 입장에서는 짧은 시간 동안 많은 인원을 효율적으로 검증해 직무에 배치할 수 있으니 고도성장기 한국 사회에 매우 적합한 시스템이었다.

그러나 이 체제가 그럭저럭 잘 기능하던 시절은 이제 지나간 것처럼 보인다. 합격자와 불합격자의 차이는 하나의 시험 당락만으로 설명하기 어려울 만큼 점점 크게 벌어지고 있다. 한번 합격해 내부에 진입하기만 하면 노력하지 않아도 유지되는 각종 특혜를 둘러싼 갈등도 시간이 갈수록 증폭된다. 모두에게 공정한 기회를 부여한다는 대의가 상위 계급의 합법적 세습을 위한 도구로 전락해 불평등한 계급사회를 더욱 견고하게 다진다는 비판을 찾아보기도 어렵지 않다.[14] 해법에 관한 논의 역시 존재했지만 어떤 것도 현실을 바꾸지 못했다. 객관적이고 공정하냐는, 그 누구도 결과에 토를 달 수 없는 절대적 기준 때문이다.

입시 전형을 다양하게 만들거나, 공무원 선발 시 수험 과목을 개편하고 채용 분야를 신설하는 등의 주요 개선 사항은 대개 시험 방법이나 범위를 어떻게 바꿀지에 관한 논의에 그쳤으며 시험이라는 '평가 기준' 자체에 메스를 들이대는 데까지는 나아가지 못했다. 수행평가 제도가 제대로 자리 잡아 교육 문화를 바꿀 수 없는 이유도 같은 맥락에서 읽을 수 있다. 중간고사와 기말고사 하나하나가 모여 대학 입시에 큰 영향을 미치고, 예전만 하지는 않더라도 대학 간판이 여전히 노동 시장에서 중요한 채용 기준인 상황에서 교사의 주관이 개입할 여지가 있는 평가 방법은 태생적으로 객관성과 공정성 시비에 휘말릴 수밖에 없다.

더 나은 평가 방식이 없다기보다 사회 전반에 팽배한 불신이 새로운 체제의 도입과 운용을 막는다. 한국 사회 전 영역에 걸쳐 만연한, 과정이야 어떻든 결과만 좋으면 장땡이라는 결과만능주의와 신뢰 부재의 접점은 여기에서도 확인할 수 있다.

편법과 봐주기, 뒷돈과 특혜에서 그나마 가장 자유롭다는 특성은 여러 부작용에도 시험이 가장 객관적이고 공정하며 이를 대체할 만한 평가 수단이 마땅히 존재하지 않는다는 시각을 뒷받침한다. 좋은 일자리가 점점 줄어드는 상황에서 시험의 배제는 어쨌든 모두가 '수긍'할 수 있는 평가 방법이 사라진다는 의미와도 같다. 견고하게 얽혀 있는 '시험-교육-일자리'의 굴레에서 시험만 뚝 떼어낸다는 것은 사실상 매우 어려운 일이다.

자산 증식과 더 많은 돈에 대한 욕망도 마찬가지다. 욕망을 어떻게 없앨 것인가. 사람들이 가진 사회경제적 욕망의 강도를 줄이려면 굳이 자산을 늘리지 않아도, 돈을 더 벌지 않아도 괜찮도록 만들어야 한다. '숫자' 외에도 삶의 충만한 기운을 전해주고 의미를 찾아줄 매개체들이 다양하게 존재해야 한다. 하지만 어떻게?

우리는 한국인 대다수의 소득 수준이 1장에서 설정했던 '소득-행복 비례 상한선' 아래 위치할 뿐만 아니라 가장 많은 수의 근로자들이 몰려 있는 구간이 한국 사회의 평균 연봉보다도 밑돈다는 점을 살펴보았다. 우리 사회의 구성원 다수는 전반적 만족 혹은 일상의 행복감은커녕 하루하루 먹고살기도 빡빡하다는 것도 확인했다. 삶의 기본적인 필요조차 제대로 채우지 못하는 마당에 돈과 자산에 대한 욕망을 줄이기란 매우 까다로운 과제다.

심지어 SKY로 대표되는 학벌이나 안정적인 정규직 등 사회적 '간판'의 획득보다 돈이나 돈으로 환산 가능한 가치로 초점이 이동하고 있다는 사실, 사람들의 관심이 점점 더 직관적인 '재력'으로 쏠리는 현상도 여러 사례를 통해 알아보았다. 2020년대 한국 사회에서 자산 소유 정도는 사회적 신분과 지위를 결정짓는 사실상 첫 번째 요소가 되었다. 이전에도 '돈'은 변호사와 의사 등 전문직을 선택하는 데 주요 고려 사항이었다. 하지만 그러한 자격 혹은 간판이 모든 직역에 걸쳐 급격하게 떨어지고 있는 '안정성'을 그나마 높은 확률로 보장한다는 점이 여전히 많은 이들로 하여금 이러한 직종을 선망하도록 만든다.

사람들의 욕망을 완화하는 가장 근본적인 방안은 돈과 자산을 기준으로 나와 남을 가르고 그들과 비교해 더 많은 외적 가치를 확보하는 데서만 만족을 얻는 '만족 메커니즘'을 바꾸는 것이다. 우리가 가진 결핍 혹은 인정욕구를 채울 수 있는 다른 방도를 확립해 가는 것이라고도 할 수 있다. 그럴 수 있다면 끝없는 경쟁의 치열함에서 조금이나마 자유로워지고, 과시적 소비를 통한 우월감 획득 레이스를 멈출 수도 있을 것이다. 그러나 이는 어디까지나 이상(理想)이다. 우리가 가진 '중산층'에 대한 인식과 기준이 바뀔 수 있을까? 중간은 가야 하고 평균은 넘어야 한다는 강박에서 벗어날 수 있을까? 다른 사람들에게 뒤처지지 않기 위한 쟁투를 멈출 수 있을까?

　개인 단위에서는 마음 편하게 욕망을 다스리며 살아야 할 필요가 있다. 행복에 이르는 여러 방안을 일상의 삶에서 실천하며 타인에 대한 신의와 선한 마음을 가지는 것도 마찬가지다. 그렇게 자산 축적과 모든 종류를 망라한 소비의 이면에 감추어진 과시욕을 다스리려는 노력은 분명 개인이 누릴 수 있는 삶의 질을 올리는 데 유의미한 기여를 할 수 있다. 그러나 사회 구조적 해법으로 논할 만한 방안이라 하기는 어렵다.

간판 취득은 쉽게, 유지는 어렵게

한국 사회에서 시험이 성공 수단으로써 갖는 중요성과 더불어 여러 긍정적인 면에도 불구하고 시험 체계의 문제점이 점차 부각되고 있으며 각종 개선 논의가 진행되었지만 현실적으로 의미 있는 변화는 아직 이루어지지 않았음을 두루 살펴보았다. 당락과 합불의 절대적 기준으로 작동하는 시험 외 대안적인 평가 수단 확보도 막중한 과제이지만, 진정으로 심각한 문제는 단 한 번의 시험을 통과하느냐 못하느냐로 삶의 진로가 완전히 갈리는 경우가 많다는 데 있다. 바꿔 말하자면 시험을 통과해야만 내부 진입이 가능하며 그 외 다른 통로가 없다는 점도 개선이 필요하지만, 한번 통과하기만 하면 다시 떨어질 일이 없고 통과하지 못하면 다른 방편으로는 올라가기 힘든 점이 더욱 큰 문제다. 즉, 경직성이다.

사람들은 사다리를 타고 올라가 상위 계급 내부에 진입하기 위한 치열한 경쟁을 벌인다. 밖에 있을 때는 똑같이 힘들다가도 어떻게든 다른 사람들을 밟고 견고한 성 내부에 한번 들어가기만 하면 언제 그랬냐는 듯 더 이상 성 밖의 혼란에는 관심을 두지 않는다. 마치 자신은 처음부터 그들과는 다른 사람이었다는 양, 태어날 때부터 성안에서 내부자로서 자라온 것처럼 신경을 꺼버린다. 한번 내부자가 되기만 하면 어지간해서는 다시 밖으로 밀려나지 않기 때문이다. 절대다수가 성 밖에서 아우성치건 말건, 이제 나와는 관계없는 일일 뿐이다. 그리고 시간이 갈수록 내부로 향하는 통로는 점점 좁아지고 길어진다. 사다리를 타고 올라갈 기회가 줄어들고, 오르는 과정에서 굴러떨어지는 사람들도 많아졌다.

또한 사회 구조가 더 경직될수록 특정한 일이나 직업 자체를 '신분'으로 받아들이는 경향이 커지고 있다. 하나의 예로 이전에는 비정규직 문제를 논할 때 정규직과의 차별을 해소하고 갭을 메우자는 주장이 주를 이루는 한편 비정규직이 불안정한 삶을 살고 있으며 대우를 개선해야 한다는 공감대가 사회 전반에 존재했다. 이제는 같은 일을 하더라도 소속과 직급 등에 따라 처우가 완전히 달라지고 그 차이가 점점 벌어짐에도 불구하고 시험으로 얻은 간판이 차별을 정당화하는 동시에 견고한 신분으로 기능한다. 심지어 내부자 간 경쟁도 더욱 심화하는 양상이다. 정규직 안에서도 네트워크에 따른 연결과 배제가 일어나고 기득권을 차지하고자 하는 암투가 이어진다.

사회적 신분의 세습 시도에서 파생되는 문제들이 지적되어 온 지도 이미 오래다. 계급은 갈수록 촘촘하게 구성되고 세분화된 등급을 바탕으로 자신과 다른 사람들을 타자화할수록 인적 네트워크는 좁아지는 경향을 보인다. 이러한 고립은 각자도생을 부추기는 동시에 주변에 관심을 기울일 만한 여유를 빼앗고, 나와 내 가족의 생존만을 앞세우며 현재 위치를 지키고자 아등바등하게 만든다. 더욱 세밀하게 고착되어 가는 계층 구조는 다양성이 피어날 수 있는 토양을 메마르게 하며, 여러 직역에 걸쳐 지속 가능한 삶이 뿌리내리는 것을 가로막는다.

보통 경직성이라고 하면 계급이나 계층 이동이 쉽지 않다는 의미 정도로만 통용되는데 실상은 조금 더 복잡하다. 핵심은 특정 시기를 놓치거나 한번 미끄러지면 복구하기 매우 어렵다는 데 있다. 한국 사회가 인생의 '두 번째 기회second chance에 인색'하다는 문제의식은 새삼스럽지 않다. 한번 올라가면 잘 내려오지 않는다는 '하방 경직성'보다 일정 시기를 놓치면 삶의 수준을 회복하거나 다시 이너서클로 들어가기 힘들다는 '상방 경직성'이 어쩌면 더 큰 문제다.

한정된 자리를 두고 경쟁이 치열해질수록 경직도 역시 강화된다. 너 아니어도 일할 사람은 많다, 대체할 사람은 차고 넘친다는 생각을 더 많은 사람이 공유할수록 우리 스스로도 엄격해진다. '나는 한눈팔지 않고 잠도 줄여가며 열심히 했는데 너는 놀다가 낙오한 거 아냐?' '그러면서 무슨 또 다른 기회를 달라는 거야?' 어긋난 공정 심리는 여기에서도 찾아볼 수 있다. 이런 현실에서는 한번 패배하거나 탈락한 사람에 대한 관용이 자리 잡기 힘들다.

특정 시기에, 특정 시험을 치고, 특정 직종 내부로 들어가지 못하면 차이가 점점 벌어질 수밖에 없는 구조인데, 사람들이 이러한 현실을 모르지 않는다. 오히려 너무 잘 알아서 어떻게든 살아남기 위한 대응에 총력을 기울인다. '차이가 벌어지는 것'을 당연하게 여기며 그 대열에서 낙오하지 않기 위한 전쟁에 뛰어든다.

만약 중소기업 재직이나 비정규직·무기직 등으로 쌓은 경력과 능력이 오롯이 인정받아 더 나은 직장으로의 이직이 원활하게 이루어지는 사회라면 지금보다 조금은 여유로워지고 경쟁과 불안의 정도 역시 완화될 것이다. 그러나 대부분의 경우 한번 이쪽으로 빠지면 벗어나기 힘든 탓에 더 늦기 전에 '경력직 신입'으로 대기업, 공무원, 공공기관 등 안정적 정규직이 되기 위한 구직 경쟁에 다시 참전하게 된다. 불안과 경쟁이 무한 반복되지 않는다면 오히려 이상할 테다.

모두가 이러한 사회 구조를 인지하고 있는 환경에서 충분한 시간을 두고 본인의 적성이나 꿈을 찾아보려는 도전을 실제 행동으로 옮기기란 점점 어려워진다. 그러다간 뒤처지니까. 이 책을 여기까지 읽어온 사람들이라면 기억할 것이다. 한국인이 가장 받아들이기 힘들어하는 상황은 '평균 미달'이며, 대부분 다른 사람들보다 '뒤처지지 않는' 데 우리 욕망의 핵이 존재한다는 것을.

그 무엇보다 주변과 비교해 뒤처지지는 않았는지 민감하게 반응하며 우월감과 자격지심 사이를 오가는데, 한번 밀려나면 따라잡지 못하고 점점 차이가 벌어진다? 어떻게 한눈을 팔겠나. 어떻게 하고 싶은 걸 계획해 실험해 볼 수 있을까? 어떻게 남들이 가지 않는 길로 갈 용기를 낼 수 있을까? 하방 경직성보다도 한번 미끄러지거나 인생에서 일정 시기를 놓치면 회복하기 매우 어려운 상방 경직성이 더욱 격렬하게 다양성의 씨앗을 갉아먹는다.

현재 시스템에서는 기득권층이 감히 기어오를 생각을 하냐며 자신들의 계급을 고착화하는 사이, 못 가진 자들 역시 우리가 어떻게 저기까지 가냐며 '감히' 넘보지 못한다. 점점 경계가 선명해지는 사회적 신분과 그에 기반한 차별에 분노하면서도 이미 기존의 구조를 깊이 내면화하는 것이다.

우리는 전제를 바꿔야 한다. 경력 초반에 남들 다 알아주는 간판을 달지 못하면 점점 삶이 어려워지고 격차가 벌어지는 구조 자체에 의문을 제기해야 한다. 이게 왜 당연할까?

남들보다 조금 더 늦게 시작하더라도 충분한 기회가 주어져야 한다. 예전보다는 나아지고 있다 해도 나이나 출신에 따른 차별은 여전히 실재한다. 당장 간판으로 사람의 가치를 판단하는 사회 인식을 허물기는 어렵다. 신입으로 시작하지 않더라도 여러 방면으로 정규직이 되어 공평한 승진 기회를 보장받고, 동시에 자격과 간판을 획득하는 문호 역시 개방하는 방향으로 걸음을 뗄 때도 좋을 것이다. 즉 성안에 들어가 내부자가 될 수 있는 문 자체를 활짝 열어야 한다. 최근 대기업이나 IT회사 위주로 경력직 채용이 활발해지고 승진과 연봉 등에 차별을 두지 않는 변화는 바람직하나, 아직은 일부에 지나지 않는다.

물론 특정 직종에 한해서는 다른 분야보다 조금 더 엄격하게 자격을 통제할 필요도 있다. 자격을 취득하기 위한 노력을 폄훼하고자 하는 마음도 없다. 그러나 그것이 한번 그 자격을 가지기만 하면 성공한다는, 그리고 그 이후에는 남들만큼 애쓰지 않아도 평생 흑돌을 쥐고 살 수 있는 삶을 보장한다는 뜻이 되어서는 곤란하다. 현재 체제는 간판 '취득'에만 모든 에너지가 집중되어 있다. 명문대 입학보다는 졸업이 쉽고, 대기업이나 공공기관, 주요 포털이나 플랫폼 합격보다는 입사 후 월급 받으며 일하는 게 상대적으로 쉽다. 웬만한 자격증은 한번 따면 평생 잃을 걱정이 없다.

간판 취득은 지금보다 쉽게 하되, '유지를 어렵게' 만들어야 한다. 내부 진입 자체는 쉽게 하되, 올라가는 경쟁을 어렵게 만드는 것이다. 초반에 한번 정규·비정규 갈리거나 단 한 번 간판을 다는 데 성공하기만 하면 특별한 변수가 없는 한 장기간 지속되는 체제를 바꾸어가는 한편, 자격 취득뿐만 아니라 한번 획득한 자격을 유지하기 위한 평가를 강화해야 한다.

누군가는 그럴 경우 지금보다도 경쟁이 더 심화해 무한 경쟁을 더욱 양산하는 결과로 이어질까 우려할지도 모르겠다. 지금처럼 모두가 불안에 떨며 어쩔 수 없이 내몰리는 불행한 경쟁 대신 상방·하방 경직성의 완화를 통해 경쟁의 질을 건강하게 바꿀 수 있다면, 그런 경쟁이라면 더 해도 좋다고 생각한다. 이렇게 섞는 방향으로 체질 개선을 할 때 경쟁이 비로소 발전의 원동력으로 작용할 수 있을 뿐만 아니라, 계층 이동성 문제 역시 자연스럽게 풀려나갈 것이다.

사실상 이것이 진정한 능력주의 아닐까? 많은 사람이 더 이상 개천에서 용이 나기 어려운 세상이라며 한탄하지만, 애초에 그 '개천용'의 범위가 오직 고시에 합격하느냐 혹은 변호사나 의사가 되느냐, 그리고 (최근 추세를 반영한다면) 서울 자가 아파트를 소유하느냐 여부에만 한정된다는 사실은 누구도 지적하지 않는다. '공정'과 '능력주의'를 금과옥조로 여기는 사회 분위기를 고려한다면 이런 불합리한 구조에 대해 아무도 관심을 기울이지 않는 건 쉽게 이해하기 어렵다.

예를 들어 7급이나 9급 출신도 능력을 증명한다면 빠른 승진을 통해 장관도 될 수 있다면 어떨까? 시기를 조금 놓치더라도 본인이 노력하면 이룰 수 있고, 초반에 잘하더라도 이후에 노력하지 않는다면 자격을 잃을 수 있는 유연함이 진정으로 건강하고 공정한 능력주의가 지향해야 할 방향 아닐까(노동 유연성과는 결이 다른 이야기니 오해 없기를 바란다). 능력주의를 지지하고 칭송하는 사람들이 많지만, 작금의 능력주의는 단지 시험 잘 보는 기술에 대한 찬양에 불과하다. 공정한 능력주의의 핵심은 사회에서 인정받는 능력의 스펙트럼을 확장하는 데 있다.

이에 더해 위로 갈수록 강력한 책임과 업무량을 부여해야 한다. 현재는 대부분 조직에서 직급이 높아질수록 책임과 업무량보다 막강한 권한과 넘치는 보상이 주어진다. 우리 사회에는 아직도 중간 관리자(통상 30대 중반~40대 중반)가 일을 가장 많이 하고 고생한다는 관념이 존재한다. 보상이 많은 자리일수록 권한에 걸맞은 실질적인 책임을 부여하고 정치력이 아니라 진짜 능력 있고 사명감 있는 사람이 갈 수 있도록 조직을 건강하게 만들어야 한다. 물론 돈과 지위만을 바라보고 노력해 성취해도 좋다. 다만 그 포지션에 가면 받는 만큼 일을 '빡세게' 해야 한다는 인식이 당연한 것으로 자리 잡아야 한다.

점점 좁아지고 길어지는 사다리를 넓혀 외부에서 내부로의 진입 기회를 늘리는 동시에 출신에 관계없이 올라갈 수 있는 내부 통로 역시 확대해 나가는 게 우선 과제이나, 원활한 계층 이동의 본질은 사다리를 넓히는 것을 넘어 '길이를 좁게' 하는 데 있다. 여기에 조금 이상적인 희망을 덧붙이자면 궁극적으로는 굳이 내부에 들어갈 필요를 못 느끼도록 하는 데까지 나아갔으면 한다. 올라가고 싶은 사람은 올라갈 수 있도록 기회를 보장하되 그렇지 않은 사람들은 굳이 올라갈 필요를 느끼지 않는, 놀고먹어도 국가나 사회가 뒤치다꺼리해 준다는 의미가 아니라 본인 위치에서 최선을 다하면 굳이 힘들게 경쟁해 사다리에 오르지 않아도 기본적인 삶을 보장받으며 사람답게 사는 사회를 꿈꾼다.

만족 메커니즘에 균열을 내자

답이 이미 정해진 한국 사회의 성공 방정식은 간판과 자산에 대한 갈망을 부추긴다. 물감이 번지듯 더 많은 이가 그러한 탐닉에 물들어갈수록 성공 기제는 더욱 단단해진다. 무엇이 원인이고 무엇이 결과인지 구분할 수 없을 만큼 견고하게 얽힌 채 서로 상승 작용을 일으키며 욕망의 불길을 키운다. 방정식의 해답을 구하려는 치열한 노력이 개인과 가족 단위를 넘어 우리가 지금까지 경험한 빠른 경제성장과 사회 발전에 어느 정도 긍정적 영향을 미쳤음을 부정할 수는 없다. 그러나 이 원리는 수학 공식과 물리 법칙처럼 언제까지나 유효한 것이 아니다.

갈수록 복잡다단해지는 사회는 차수가 높아지는 방정식과 같다. 난해한 고차방정식의 해답을 일·이차 방정식 풀 듯 쉽게 찾을 수는 없음에도, 지금껏 우리 사회는 까다로워진 성공 방정식을 풀어내기 위한 본질적 고민을 하기보다 기존의 문제 해결 방식만으로 어떻게든 대응하려 애썼다. 차수를 낮추어 푸는 것은 수학에서는 현명한 방법일 수 있으나 현실에는 적용할 수 없다. 기존 성공 원리의 유효기간이 끝나갈수록 부작용은 커진다. 긍정적인 유산을 계승하되 부작용은 과감하게 수술대에 올려야 한다.

성공을 다시 정의해야 한다. '시험-아파트-돈'이라는 견고한 연결고리의 해체는 간단한 과제가 아니다. 우선 그 강도를 완화하는 한편 대안적인 성공의 모습을 그려보는 데서 출발할 수 있다. 나와 다른 삶의 모습을 받아들이고 여러 형태의 성공을 인정하는 방향으로 한국 사회라는 배를 틀어야 한다. 간판 취득과 유지 방법에 변화를 주는 것을 넘어, 실질적인 삶의 다양성을 보장함으로써 좁고 제한적인 기회에 모두가 매달려 다수의 실패자를 양산할 수밖에 없는 시스템에서 탈피해야 한다. 나아가 삶의 '만족'을 가능케 하는 루트를 폭넓게 열어주어야 할 것이다. 성공 다양화의 궁극적인 모습은 곧 만족의 다양화다.

그러나 사회적 혹은 경제적 성공이 곧 삶의 성공이 아니라는 메시지만으로는 아무것도 바뀌지 않는다. 실질적인 다양성 보장이 어려운 것은 사람들이 서로의 다른 면을 있는 그대로 받아들이며 존중하기보다 배척하고 혐오하는 데 훨씬 더 익숙하기 때문이기도 하지만, 이러한 사회문화적 습속과 태도가 전부는 아니다. 자신이 하고 싶은 일만 하면서는 나와 내 가족 건사하기가 매우 힘들다는 게 더 근본적인 이유다.

흔히들 한국 사회에서는 삶의 다른 루트가 없다고들 한다. 왜일까? 검증된 길 이외에는 안정적이고 평범한 삶을 살 수 있으리란 희망을 찾기 매우 어렵기 때문이다. 돈 벌고 집 사고 가족을 꾸리는 일련의 과정은 어디까지나 모두가 달리는 트랙 안에서만 이루어진다.

여기에는 그 첨예하다는 세대 갈등도, 젠더 갈등도 없다. 공무원이 안정적이다 싶으면 공무원 시험으로 몰렸다가, 박봉에 힘들기만 하고 딱히 좋은 게 없다 싶으면 다른 길을 택한다. 여기저기서 고연봉에 개발자를 모셔간다더라 하면 코딩을 배우는 사람들로 넘쳐난다. 은퇴 후에 할 수 있는 건 아무리 둘러봐도 자영업뿐이다. 이익을 보장해서? 아니다. 달리 할 만한 게 보이지 않아서다. 선택지라고는 프랜차이즈냐 아니냐, 카페냐 빵집이냐 치킨집이냐 정도에 그친다.

자신만의 길을 택해도 먹고 사는 데 큰 지장 없이 살 수 있다는 (확신까지는 아니더라도) 현실적인 '가능성'이 다양한 씨앗을 틔우는 첫 번째 전제조건이다. 사람들이 왜 아이를 낳지 않는가? 단순히 혼자가 편해서, 혹은 젊음을 누리기 위해서?

일부를 제외하고, 본인이 꿈꾸는 방향으로 나아가며 열심히 살았을 때 연애하고 결혼하고 아이 낳아 키울 수만 있다면 그런 삶을 택하지 않을 이유가 없다. 엄청난 사회적 성공을 거두거나 경제적으로 풍족하지는 못하더라도 사람들이 조금씩 다른 가능성을 타진해 볼 수 있다. 대다수 목표는 재벌이나 연예인급의 성공이 아니라 (물론 그럴 수만 있다면 굳이 거절하지는 않겠지만) 사회 평균보다 조금 더 나은 삶, '평범한' 중산층의 삶이기 때문이다. 물론 그때도 비교는 피할 수 없다. 잘나가는 친구를 시샘하고, 더 좋은 집에 사는 형제를 부러워하고, 연예인을 바라보며 박탈감을 느끼기도 할 테다. 그러나 비교와 경쟁, 욕망의 강도는 현저히 줄어들 것이다.

문제는 그 중산층의 삶이 점점 멀어져 간다는 데 있다. 우리가 살펴본 바와 같이 한국 사회에서 널리 인식되는 중산층의 삶이란 실상 상위 10~20퍼센트가 누리는 수준이며, 이러한 인식과 현실 간 괴리 속에 사람들은 점점 불행해진다. 근본적인 해결을 위해서는 다양한 형태의 성공을 그릴 수 있어야 하는데 다양화를 논하기 위한 첫 번째 전제조건조차 점점 이루기 힘들어진다. 어떻게 해야 할까?

가장 빠르고 이상적인 답은 모두에게 아파트를 주는 것이다. 단, 실물을 직접 제공하지 않아도 된다. 부동산 물건이 바로 주어지지 않더라도, '내가 열심히 노력하면 가정을 꾸리고 자가 아파트를 살 수 있다'는 믿음만 가질 수 있다면 끝을 모르고 질주하는 욕망의 불꽃은 상당 부분 사그라들 수 있을 것이다. 그런데 이런 희망의 부여마저도 쉽지 않다. 아파트 한 채를 가진다고 해서 진정으로 만족할 수 있겠느냐는 본질적 질문까지 갈 것도 없이, 애초에 불가능하다.

2021년 전국 주택보급률은 102.2퍼센트로 10년 넘게 100퍼센트를 웃돌고 있다.[15] 그러나 현실을 반영하기에는 한계가 있는 숫자다. 무엇보다 살고 싶은 집을 바라보는 사람들의 기준이 점점 까다로워지는 까닭이다. 대도시나 수도권, 조금 더 정확하게는 서울의 아파트가 아니고서는 (그리고 서울 내에서도 갈린다는 사실 역시 앞에서 살펴보았다) 사람들을 만족시키기 어렵다.

관건은 사람들이 살고자 하는 집을 늘리는 것이지만 서울에 아파트를 짓는 데 따른 여러 현실적인 어려움은 이미 반복적으로 지적되었다. 그렇다면 역시 수도권 과밀화 해소라는, 가장 본질적이면서도 진부한 해답에 이른다. 사람들을 서울에 살고 싶어 하지 않도록, 혹은 굳이 서울에 살지 않아도 괜찮도록 만들면 된다. 이대로만 된다면 바랄 게 없겠으나, 정부청사와 공공기관을 이전하고 지방의 주거 여건 개선과 일자리 창출을 위한 정책과 지원이 계속되었음에도 수도권 집중 현상은 해소되지 않았다. 오히려 시울, 그리고 판교 등 극소수 일부 위성도시로 몰리는 실정이다. 획기적인 해결 방안이 있다면 애초에 지방 소멸을 걱정하지도 않았을 테다.

현 체제에서는 답이 없다는 것을 인정해야 할까? 글쎄, 적어도 현재까지 시행한 방안들이 해답이 될 수 없다는 점은 확실해 보인다. 성공의 폭을 넓히려는 노력이 시작부터 난관에 부딪히는 이유는 그것이 어디까지나 기존 성공 기제의 틀 안에서 이루어지기 때문이다.

한국인들이 가진 사회경제적 욕망의 핵심인 돈과 자산을 그대로 두고 거기에서 자유로워지려는 시도가 가능할 리 없다. 우리가 추구하고자 하는 다른 형태의 성공이란, 남들 따라 일률적인 사회적 경로를 밟는 대신 자신이 하고 싶은 일을 하면서도 결국은 충분한 돈과 자가 아파트를 손에 넣는 것 아닌가. 무게 중심이 어디에 있을까? 내가 하고 싶은 일인가, 돈과 자산인가. 솔직히 후자 아닌가. 현재 한국 사회에서 성공이란 어떻게 포장하려 해도 돈과 자산이 그 근간을 이루며, 이런 토대에서 다양성이란 목적을 이루기 위한 수단만 몇 가지 늘어나는 것에 불과하다.

콩 심은 데 콩 나고 팥 심은 데 팥 난다고 했다. 애초 다양한 씨앗이 뿌려지지 않았던 토양에서 심지도 않은 것이 저 스스로 열릴 리는 만무하다. 그나마 남아 있는, '다른' 가능성을 품고 있던 씨앗 역시 기본적인 삶의 여건이라는 물과 햇빛의 결핍 속에서는 자라나지 못한다.

이런 상황에서는 그저 남들 따라가는 게 최선이며, 사회가 제시하는 경로에서 이탈하지 않는 게 무엇보다 중요하다. 모두가 앞다투어 같은 종자를 심는 꼴이라고도 할 수 있는데, 이는 농업에서 가장 피해야 할 일 중에 하나라고 한다. 같은 작물을 매년 재배하면 대개 해당 농토의 지력이 점점 약해지기 때문이다.[16] 지금 한국 사회라는 토양은 점점 황폐해지고 있다. 어느 순간 갑작스러운 '강제 휴경'을 맞아도 이상하지 않을 것이다.

하지만 변화는 이러한 현실을 인정하는 데서 시작된다. '먹고사니즘'에서 탈피하지 못하는 다양한 삶이란 공허하다. 가장 기초적인 욕구를 충족할 수 있는 여건 마련을 시작으로 한 단계씩 다져가는 게 먼저다. 그리하여 기회 자체를 다양하게 제공할 수 있어야 한다. 모두가 원하는 똑같은 파이 대신 다른 맛과 모양의 빵과 쿠키, 케이크로도 자신만의 삶을 꾸려나갈 방법이 있어야 할 것이다. 성공하고자 하는 욕구 자체는 문제가 아니며 자연스러운 것이므로 더 얻고 싶은 사람은 더 많이 노력해서 큰 성취를 이룰 수 있는 길을 열어두되, 그렇지 않은 사람들 역시 각자 원하는 만큼 노력하고 추구해도 바라는 삶을 사는 데 큰 지장이 없도록 해야 한다.

다만 관점을 조금 달리 가져가야 할 필요가 있다. 진정한 문제 해결은 정확한 문제 인식에서 출발한다. 지금 우리가 당장 할 수 있는 일이 있다면, 그리고 해야만 하는 일이 있다면 문제를 바라보는 관점을 바꾸는 것이다. 불평등 해소처럼 이미 수없이 제기된 이슈를 우리 마음속 깊은 곳에 내재되어 있는 본질적 욕망의 관점으로 바라보고, 그에 기반한 근원적인 방안을 구상해야 한다. 격차를 건조하게 드러낼 뿐인 각종 수치를 줄이는 것을 넘어 기본적인 삶을 어떻게 보장해야 할지 더 고민해야 한다.

'인간다운' 일자리를 창출하고 직종 간 격차를 줄여서 사회가 제시하는 정답을 좇는 대신 자신이 원하는 '다른' 방식으로도 충분히 먹고살도록, 각자 하고 싶은 일을 해도 삶에 만족할 수 있는 길이 존재하도록 개선해 나가야 한다. 다양한 우회로가 불러올 다채로운 성공의 모습은 직접적인 삶의 질 향상은 물론 사회경제적 지위와 자산 외 인생의 중요한 가치를 복구해 계급과 계층성을 약화하는 데 긍정적으로 기여할 수 있다.

당장 한국인의 만족 메커니즘을 바꿀 수도, 비교하지 못하게 막을 수도 없다. 하지만 돈을 기반으로 할지언정 지금처럼 특정 직업군에 사람이 몰리는 게 아니라 다양한 형태의 지속 가능한 삶이 가능하도록 만들어간다면 그러한 직업적 다양성이 사람들에게 미래를 꿈꾸도록 해줄 것이다.

성공의 다양화를 넘어, 근본적으로는 누구에게나 열려 있다고 하지만 실상 모두가 동시에 누릴 수는 없는 경제적 성공을 꼭 이루지 않더라도 인간다운 삶을 살도록 해야 한다. 그쯤 되면 돈과 자산 이외에도 만족을 주는 다른 요소들을 삶에 추가할 수 있는 기초 체력이 키워질 테고, 그 요소들이 풍성해질 때 굳건한 기존 만족 메커니즘에도 서서히 균열을 내는 게 가능해질 것이다. 그 이후에야 비로소 결과 중심 사회에서 탈피해 인생에서 우리가 가질 수 있는 경우의 수를 늘려갈 수 있다.

신뢰 회복이 먼저다

만남과 접촉을 늘려 사람들을 연결하라

앞선 논의를 통해 경제적 자유를 선망하는 사람들의 마음 안에는 돈이나 돈으로 환산 가능한 유무형의 자산 외에는 믿을 수 있는 게 아무것도 없다는 불신이 자리하고 있음을 살펴보았다. 낮은 수준의 사회적 신뢰가 불안을 조장하고 경쟁을 가중하며 뒤틀린 공정을 요구하는 데까지 이어진다는 것, 그리고 이는 곧 단절되어 고립된 개인들의 절박한 생존 투쟁이라는 점도 알아보았다.

우리의 사회경제적 욕망과 결부된 대부분의 문제를 한두

가지 원인으로 단순하게 환원할 수는 없지만, 겉으로 드러나는 여러 현상의 교집합에 신뢰의 부재를 먼저 적어 넣어도 크게 무리는 없을 듯하다. 얽히고설킨 한국 사회의 총체적 난국을 풀어가는 데 신뢰를 함께 이야기하지 않을 수 없다.

신뢰를 중심으로 형성되는 사회적 자본은 시민들 간 상호작용으로 만들어지고 각종 규범과 네트워크 등을 포함하며, 사회적 자본의 증진이 경제 성장과 번영, 공공재의 효율적 관리, 실질적 민주주의 발전 등에 긍정적인 작용을 한다는 여러 연구가 존재한다.[17] 실상 이 장의 초반부에서 이야기했던 한국형 공동체의 형성 역시 신뢰에 방점이 찍혀 있다. 한국 사회에 적합한 현대적 공동체의 건설은 불안을 완화하고 경쟁을 둥글게 하며 사회의 긴장을 이완하는 신뢰 회복과 떼어서 생각할 수 없다. 다양한 성공의 모습을 우리 사회 내부에서 그려내고자 하는 노력 역시 상호 신뢰라는 기반부터 다져야 그 기틀을 어느 정도나마 마련하는 것이 가능하다.

현재 여건은 그리 밝지 못하다. 우리 사회의 대인 신뢰도는 지속 감소하는 추세로 특히 코로나 바이러스가 창궐한 2020년 큰 폭으로 떨어졌다. 2021년 대인 신뢰도는 회복세를 보였으나 여전히 코로나19 이전 시기보다 낮게 나타났다.[18] 외부 활동 제한으로 사람들이 점점 만나지 않고 소통하지 않게 되면서 신뢰할 수 있는 인간관계의 폭은 더욱 좁아졌으며, 특히 잘 모르는 타인에 대한 가드를 더욱 높이 올리게 되었다. 관계의 단절과 네트워크 밖 사람들에 대한 경계심이 각자도생 성향을 강화하는 데 일조한 것은 물론이다.

신뢰 회복의 최우선 조건이자 과제는 접촉 자체를 늘리는 것이다. 지지고 볶든 뭐라도 하려면 사람은 일단 만나야 한다. 재택근무, 줌을 활용한 온라인 미팅, 각종 비대면 서비스의 확대 등은 언택트 시대에 걸맞은 뉴 노멀로 각광받으며 우리의 미래 비전으로까지 제시되었다. 그러나 그 장점에도 불구하고 직

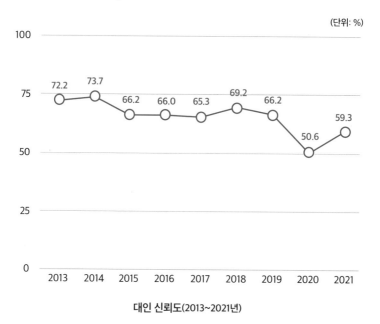

대인 신뢰도(2013~2021년)

접 만나 얼굴을 맞대고 소통하고자 하는 인간의 가장 기본적인 욕구를 대체하지는 못했다. 그렇다고 코로나19 이전으로 돌아갈 수는 없다. 지난 3여 년간 형성된 새로운 인간관계, 새로운 업무 환경, 새로운 커뮤니케이션 수단은 앞으로도 지속될 테고, 지금부터 우리가 만들어갈 사회의 모습은 코로나19 시기는 물론 그 이전과도 다른 형태를 띨 것이다. 그리고 그래야만 한다.

사람들을 어떻게 더 만나게 할 것인가, 또한 다른 성향을 지닌 그들을 어떻게 섞을 것인가? 그것도 자연스럽게. 이것이 고민의 핵심이다. 사람들이 일, 주거, 문화, 생활 등 소소한 영역에서부터 접촉할 기회를 늘릴 방안을 찾기 위해 머리를 맞대야 한다. 그리하여 그들이 친구가 되는 데까지는 나아가지 못할지라도 나와 타인을 가르는 경계를 조금이나마 희석해 차별화와 타자화·비인간화를 줄이는 방향으로 사람들을 섞어야 한다.

이러한 방향성 아래 구체적인 접촉의 유형도 함께 논의해야 할 것이다. 어떤 접촉이 우선 가능할까? 어떤 형태의 교류에 사람들이 덜 거부감을 가질까? 모임 활성화? 대면 근무? 회사 내 공동체? 아파트 공동체? 자유롭게 어울릴 수 있는 공간 창출? 그리고 이는 시민들 사이의 연대로까지 이어질까?

그러나 억지로 사람들을 만나게 할 수는 없다. 자연스럽지 않은 어설픈 정책과 제도로 사람들을 움직이고자 하는 시도는 일차원적인 동시에 가장 비현실적이다. 그렇다고 처음부터 시민들의 자발적 참여를 기대할 수도 없다. 동네 주민들 간 만남을 예로 들어보자면, 이사를 자주 다니지 않고 한 자리에서 몇 해 연속으로 지낸다 한들, 동네에는 애착이 생길지언정 그러한 애정이나 유대감이 정작 내가 살고 있는 아파트나 빌라, 그리고 이웃에 대한 관심으로 이어지기란 쉽지 않다.

나는 만으로 4년째 살고 있는 우리 동네가 퍽 마음에 든다. 광화문과 종로 등 서울 중심부 접근성이 좋아서 편리하면서도 삭막하게 구획 정리가 되지 않은 덕에 아직 사람 냄새를 풍기는 동네다. 빌딩으로 둘러싸이는 대신 산을 끼고 있어 조용하고 평화롭다. 오전에는 차량 소음 대신 새소리를 들을 수 있고 창밖으로 변화하는 계절감을 바로바로 느낄 수도 있다. 가볍게 밤산책 나가기 편하고 근처 전통시장 가는 재미도 쏠쏠한 이 동네가 좋아서 오래도록 떠나고 싶지 않은 마음이다. 하지만 단지 내에 아는 사람은 고사하고 가끔 인사라도 나누는 주민은 단 한 명도 없다. 외롭기도 하고 동네 친구가 있으면 좋겠다는 생각도 들지만 굳이 이웃에게 다가갈 필요를 느끼지는 않는다. 아마 다른 사람들도 마찬가지일 것이다.

게다가 인사하고 말을 건다는 것 자체가 매우 어색하다. 일단 누군가와 안면을 틀 만큼 자주 마주치지 않기도 하지만, 설령 그렇다 해도 아는 척하며 인사를 건넸을 때 호의로 반갑게 받아들일 사람은 많지 않을 것이다. 어떤 의도를 품고 있거나 수작을 걸려는 건 아닌지 경계부터 하는 것이 '정상적인' 반응에 가깝다. 안전 문제가 불거지면서 엘리베이터 동반 탑승조차 서로 피하려는 세상이다. 앞에 먼저 가는 주민과 엘리베이터를 같이 타지 않으려고 일부러 천천히 가기도 하고, 먼저 가던 사람이 친절을 발휘해 기다려주면 고마우면서도 왠지 불편한 마음이 들기도 한다. 엘리베이터를 잡아주거나 버튼을 대신 눌러주었을 때 고맙다는 인사를 하는 정도가 마지노선 아닐까.

사회생활에서도 마찬가지다. 사람은 관계에서 진정한 행복을 찾을 수 있지만 그 안에서 불행해지기도 한다. 기실 인생에서 가장 큰 스트레스 요인은 인간관계에 있으며, 점차 더 많은 사람이 더 강한 스트레스에 노출된다. 취업·채용 플랫폼 사람인의 '일과 직장 내 인간관계' 조사 결과 절대다수인 81퍼센트가 일보다 사람이 퇴사에 더 큰 영향을 미친다고 응답했다.[19] 대부분 직장인에게는 인간관계 스트레스가 업무 관련 스트레스보다 심했고(71.8퍼센트), 인간관계 갈등으로 인해 실제 퇴사나 이직을 경험한 조사 대상자도 절반이 넘었다(54.4퍼센트).

특히 요즘 젊은 세대 위주로 전화 통화를 기피하는 '콜 포비아'를 호소하는 이들이 점점 늘어나고 있다. 잡코리아가 실시한 설문에 따르면 응답자의 53.1퍼센트가 콜 포비아를 느낀다고 대답했다.[20] 성인 둘 중 하나는 전화 통화 자체에 부담을 느끼는 셈이다. 업무상 전화를 받거나 거래처에 전화를 걸며 겪는 어려움은 회사 밖 일상까지 이어진다. 직접 얼굴을 마주하는 대면보다 전화가, 전화보다는 문자나 메신저가 더 간접적인데, 직접적인 소통 수단에 불편을 느끼는 사람들을 다양하게 섞으려는 시도가 실현 가능한 발상일까?

하지만 이러한 경향이 접촉에 대한 사람들의 욕구 자체를 부정하는 것은 아니다. 새로운 사람들을 만나고자 하는 수요는 분명하게 실재하며 많은 이가 대면 접촉에 목말라 있다. 지난 몇 년 동안 독서, 요리, 등산, 러닝 등 각종 취미와 운동을 함께 하기 위한 유·무료 모임 플랫폼과 앱이 우후죽순 늘어났는데, 사람들의 적극적 참여 속에 대부분 플랫폼이 대체로 잘 운영되고 있다. 대면을 향한 마음은 줄어드는 것이 아니라 오히려 넘쳐난다. 코로나19 시국이 지나가고 마스크 착용 의무가 해제되면서 오랫동안 억눌렸던 사람들의 욕구가 분출하는 지금이 각종 모임 플랫폼을 더 폭넓게 확장해 나갈 좋은 기회일지도 모른다.

또한 전화도 하지 못할 정도로 사람 상대하는 일을 힘겨워하는 '콜 포비아'를 단순히 특정 세대의 문제로 바라보아서는 안 된다. 단지 해보지 않아서, 전화 통화 자체에 많이 노출되지 않아서 익숙하지 않은 것뿐이다. 지난 3년 동안 비대면이 일상으로 자리 잡은 덕분에 배달 주문부터 공공기관 행정 업무나 금융 업무에 이르기까지 사실상 거의 모든 일을 모바일 앱으로 처리할 수 있게 되었다. 게다가 이들은 어려서부터 문자나 카카오톡, 페이스북 메신저나 인스타그램 DM 등을 주로 사용해 왔기에 애초에 전화로 직접 목소리를 들으며 소통할 기회 자체가 부족했다.

실제로 잡코리아 조사 답변자들은 콜 포비아의 이유로 "전화보다 메신저 앱, 문자 등 비대면 의사소통에 익숙해져서(58.2퍼센트)"를 가장 많이 꼽았다. 접촉을 안 해봤으니 두렵고 귀찮아서 더욱 접촉을 피하게 되고 그럴수록 소통은 더 어려워지지만, 이는 접촉이 늘어날수록 자연스럽게 나아질 수 있는 현상이다.

사람들이 접촉을 원치 않는 것이 아니다. 우리가 진정 주목해야 할 점은 접촉을 원하지만 그 '영역이 좁다'는 사실이다. 사람들이 원하는 네트워크의 폭은 대면 욕구와 함께 넓어지지 않는다. 각박한 현실을 살아내는 우리에게는 주변에 관심을 기울일 만한 마음의 공간이 부족하다. 다른 사람과의 연결을 위해 내가 먼저 다가가려는 동력은 자연히 약화된다.

당장 이 글을 쓰고 있는 나 자신부터도 힘들고 지칠 때면 복잡한 사회문제나 나보다 더 어려운 처지에 있는 사람들의 현실은 그냥 눈 감고 모른 척하고 싶다. 그저 예능 프로그램 틀어 놓은 채 웃으며 스트레스 풀고 삶의 시름을 달래는 것이 최고다. 친구와 지인을 만나고 여행을 떠나며 새로운 사람과 즐거운 시간을 보내고 싶은 마음은 나와 그다지 관계없는 타인에 대한 관심으로까지 이어지지 않는다. 완전히 별개의 문제인 것이다.

먼저 손을 내밀 여유와 용기가 없는 요즘 사람들, 그러나 다른 사람과 연결되고픈 이들의 욕구가 더 넓은 범위의 커뮤니티로 확대되어 사회 전반의 신뢰 수준을 끌어올리는 데까지 나아가도록 할 수 있을지가 관건이다.

자연스럽게 어울릴 수 있는 공간에서 다양성 근육을 키우자

신뢰 수준을 높이기 위해 가장 바람직한 상황은 삶 자체에 여유가 생겨서 나 자신에게만 집중된 시선을 주변으로 자연스럽게 넓히는 것이겠지만, 이는 중장기적 관점에서나 가능할 방안이다. 나만 잘살면 그만이라는 생각에서 벗어나려 해도, 이미 그렇게 사는 사람이 많은 세상에서 내가 먼저 내려놓기란 매우 어렵다. 단순 캠페인이 아니라 현실적으로 무리가 없는 제도 시행과 환경 변화로 의식의 틀을 만들어가는 것이 적절한 출발점이될 수 있다.

우선 고려해 볼 만한 점이 있다면 공간의 개선을 들 수 있다. 이전 글에서 아파트 공동체, 나아가 지역사회 공동체에 관해 이야기를 나누어보았는데, 단순히 사람들을 모으려 하기보다 그들이 자연스럽게 마주칠 수 있는 주거 공간 개선이 함께 이루어지도록 해야 한다.

현재 우리 사회에서 표면적으로 드러나는 가장 큰 문제는 누가 뭐래도 불평등이며 특정 분야로 좁힌다면 부동산이라 할 수 있다. 이를 반영하듯 집을 바라보는 관점은 대개 시세, 분양가, 청약 자격, 대출 가능 액수 등 자산에 한정되어 있다. 닭장 같은 아파트가 단절과 고립을 부추긴다 해도 좁은 땅에 많은 사람을 수용하기 위해서는 용적률을 높이고 고층 아파트를 지을 수밖에 없다. 이런 현실을 부정할 수 없으니 앞으로도 큰 틀에서는 방향을 바꾸기 쉽지 않을 것이다.

그러나 이런 상황에서 어떻게 하면 좋을지에 대한 고민을 놓아서는 안 된다. 부동산 문제 해법에 모두가 살고 싶어 하는 아파트의 충분한 공급도, 수요의 적절한 예측과 대응도 중요하지만, 수요·공급 그래프를 넘어 주거 공간을 다양하게 만들기 위한 근본적인 방안을 함께 구상해야 한다.

통상적으로 아파트 등 공동주택 단지 규모가 작고 구성이 동질적일수록 사회자본이 증가하며 주민 참여가 신뢰를 강화하고[21], 주거 면적의 다양성이 신뢰 향상에 통계적으로 유의미한 긍정적 영향을 주는 것으로 나타났다.[22] 예전처럼 저층 아파트에서 옹기종기 모여 이웃사촌을 형성할 수는 없겠지만 사람들이 교류하며 더불어 살아가는, 단절이 아닌 연결 가능한 거주·

생활 공간을 어떻게 만들 수 있을지 함께 머리를 맞대야 한다. 주거 공간의 다양화는 사람들 사이 접촉을 늘리는 데 기여할 수 있고, 이는 신뢰 회복으로 이어진다. 이 책의 마지막 장에서 이야기한 현대적 공동체와 다채로운 성공의 모습을 다져가려는 노력은 모두 주거 공간의 다양화와도 연결되어 있다.

더불어 거주지 바깥의 일상 공간 개선도 함께 이루어져야 한다. 주변 환경에 따라 타인에 대한 신뢰 수준이 얼마나 달라질까 싶은 의문이 들기도 하지만 사람들이 걷는 보도의 형태에 따라 서로 접촉할 기회와 시간이 줄어들면 사회적 자본에 부정적인 영향을 미치며[23], 인당 공공체육시설과 공원의 면적, 야간 보행 환경 만족도 등은 신뢰를 증가시키는 긍정적 요인이었다.[24] 또한 개인 차량을 이용하는 사람들에 비해 통근이나 외출 시 대중교통을 주로 이용하는 사람들의 평균 신뢰 수준이 높았다.[25] 이는 모두 일상생활에서 빈번하게 발생하는 타인과의 우연적 만남조차 자신과 직접적 관련이 없는 사람들을 더 많이 신뢰하도록 독려하며, 대면 접촉 기회를 늘리는 것이 사회적 신뢰 형성에 굉장히 중요하다는 점을 시사한다.

접촉을 늘려 사회적 신뢰를 조성하는 근본적인 목적은 사람들이 서로의 다른 점을 이해하고 다양성을 받아들이는 근육을 키우도록 하는 데 있다. 높은 신뢰 수준은 특정 개인이나 집단의 배제를 완화하고 다양한 문화를 존중하는 등 사회적 포용성을 끌어올리는 데 긍정적인 영향을 미친다.[26] 그리고 사회적 포용은 상대적 약자에 대한 관심과 지원, 관용 등을 두루 포함하며 사회 구성원 모두가 서로의 다양성을 인식하고 안정된 소속감을 갖도록 한다.[27] 각자의 차이를 인정하고 기꺼이 끌어안음으로써 갈등을 해소하는 신뢰와 포용은 다양성의 존중 없이는 존재할 수 없다. '믿음'은 '다름'을 기꺼이 감내하며 너그럽게 감싸 안아준다.

오랫동안 유라시아 대륙 끝자락에서 살아온 우리는 역사적으로 국가 전반적 교류가 중국과 일본에 한정되었다. 특히 분단 이후에는 사실상 섬나라나 마찬가지인 환경에 놓여 있었다. 동질적 사회의 폐쇄성이 강화되지 않는다면 오히려 이상할 만한 조건이다. 내부에서 여러 계층으로 나뉘어 복작복작하며 살아오긴 했지만 좁고 엄격한 사회구조 속에서 나와 다른 사람들과 마주치거나 세상에는 '다양한 무엇'이 정말 많다는 사실에 자연스레 노출될 기회 자체가 많지 않았다. 이제 사람들은 한국 안에서든 밖에서든 나와 다른 사람들이 존재한다는 사실을 머리로는 인지하나, 오래 묵은 관성이 다양성을 존중하기보다는 배척하는 방향으로 그들을 이끈다. 서로에 대한 믿음이 점점 사라져가는 것은 어쩌면 당연한 일이다.

요즘 우리는 쉽게 '손절'을 이야기한다. 물론 나를 존중하지 않거나, 반복적으로 불편한 상황을 만들거나, 지나치게 자기 자신만 알고 배려가 없는 이들에게 적절한 거리를 둘 필요도 있다. 적당히 가지 치며 인연을 잘 정리하는 것도 좋은 삶을 위한 지혜이기 때문이다. 그러나 조금만 맞지 않아도 연을 너무 쉽게 끊어버리고 마는 건 아닌지 한 번쯤 돌아보아도 좋을 것 같다. 주변 지인과 새로운 사람들에게 우리는 충분한 시간과 기회를 주고 있을까. 그나마도 하지 못할 만큼 미움의 어유를 잃어버린 채 살아가는 건 아닐까.

내 주변 네트워크가 좁더라도 경계 안에 있는 사람들과 친밀하고 깊은 관계를 맺을 수 있다면 그나마 괜찮겠지만, 막상 그렇게 살기란 녹록하지 않다. 마음이 맞는 사람들을 만나고 가까워지기 점점 어려워지는 세상에서 서로에 대한 이해와 관용까지 줄어든다면, 의식하지 못하는 사이에 고립되고 단절된 자기 자신을 발견할지도 모른다.

주거와 일상 공간 개선을 통한 대면 접촉 증가는 다양성 근육을 키우는 첫걸음이 될 수 있다. 주변 가까운 곳에서부터 사람들이 서로 교류하고 소통하는 기회를 만들어가는 가운데 타인의 존재를 인식하고 그 다름을 인정하는 연습을 할 수 있도록 해야 한다. 신뢰와 다양성은 서로 떼어놓고 생각할 수 없다.

다만 단순히 사람들을 더 많이 만나게 한다는 정도의 관점으로는 부족하며 현실적인 성과를 기대하기도 어렵다. 더 큰 단위의 진지한 고민이 필요하다. 신뢰를 학술 담론의 영역에서 우리 손에 잡히는 공간으로 건져 올려 구체적인 정책과 제도에 녹여내는 방향도 고려해 볼 수 있다.

사회적 신뢰 수준을 높이기 위한 대통령 직속 위원회 혹은 담당 부처를 세우는 것도 좋은 방법이다. 별도 전담 부처의 존재만으로도 정부의 의지를 보여주고 시민들에게 신뢰에 대한 인식을 심어줄 수 있다. 더불어 광역·기초지자체와 경찰 등 각종 유관기관과 도시, 건축 분야는 물론 사회, 경제, 환경, 심리 등 다양한 전문가가 함께 참여해 시민들이 거부감을 느끼지 않고 직접적인 의사소통에 자주 노출될 방안을 마련해야 한다. 익명성을 줄이고 사람들이 자연스럽게 어울릴 수 있는 방향으로 도시환경을 설계하는 한편, 충분한 예산을 투입하고 안전을 유지하는 선에서 개방성을 최대한 확대해 나가야 할 것이다.

또한 신뢰 향상을 골자로 하는 입법 추진도 충분히 긍정적인 시작점이 될 수 있다. 구체적인 법안을 새로 구상하거나, 기존 법 혹은 발의안에 내용을 포함할 수도 있다. 예를 들어 2023년 3월 20일에 발의된 국민총행복증진에 관한 법률안(행복증진법)과 같은 법안에 신뢰 회복 관련 논의를 함께 담아도 좋지 않을까 한다. 나와 직접적 관련이 없는 타인을 지금보다 더 믿을 수 있다면 삶의 만족도 역시 높아지기 때문이다. 신뢰와 행복 역시 분리해 생각하기 어렵다.

신뢰 형성을 통해 개인의 사회경제적 욕망을 없애려는 것이 아니다. 모난 욕망을 살짝 깎아 서로 찔리지 않도록 둥글게 만들기 위함이다. 서로 믿고 의지할 수 있는 사회 분위기 속에서 건강한 욕망을 추구하도록 하려는 것이다. 신뢰는 만족스러운 삶의 기본 전제이며, 우리 사회가 다양한 형태의 성공을 허락하는 방향으로 나아가도록 든든히 받쳐줄 버팀목이다. 오랫동안 역사와 함께 흘러오며 묵을 대로 묵은 한국 사회의 성공기제를 단숨에 해체하기란 어렵다. 그러나 우리를 서로 연결하는 신뢰의 끈은 그 공식에 빨간 선을 긋는 가장 강력한 도구가 될 것이다. 그러한 변화와 함께 우리는 진정으로 자유로워질 수 있다.

다양한 삶이 지속 가능하도록

돈으로 환산 가능한 가치가 전부인 비교 기반 숫자 사회에서 겉으로 드러나는 성취에 대한 집착은 매우 자연스러운 귀결이다. 몇 가지에 불과한 제한적 경로를 두고 서로가 서로를 의식하며 같은 목표를 향해 달리는 사회에서는 모두가 불행할 수밖에 없다.

법륜 스님은 "나만 천당 가고 극락에 가려는 이기적 행복 추구로는 결코 행복해질 수 없다. 남의 불행 위에 내 행복을 쌓지 말라"고 했다. 그러나 다른 사람보다 나은 점을 항상 확인하며 최소한 그들에 뒤처지지는 않았다는 사실을 인정받은 후에야 비로소 안심하는 우리가 실천에 옮기기란 쉽지 않은 일이다.

욕망을 내려놓을 수만 있다면 가장 좋겠지만 녹록하지 않다. "그래, 욕망을 내려놓자" 한다고 해서 즉각 자유로워질 수는 없다. 이 '간단한' 일이 세상에서 제일 어렵다. 특히 사회 전체에 퍼진 공기의 흐름을 단기간 내 바꾼다는 것은 불가능에 가깝다.

비교는 어떤가. 우리 모두 지금 현재 모습만으로 충분히 가치 있다고 말하는 심리 책과 에세이들은 많은 불행의 원인을 비교에서 찾는다. 그런데 비교 역시 하고 싶지 않다고 해서 하지 않을 수 있는 것이 아니다. 모든 상황에 잣대를 들이대며 길고 짧은지 대보는 일은 자신의 의지와는 관계없이, 그리고 의식이 개입하기도 전에 자동으로 일어난다. 사람들을 비교에서 비롯하는 각종 스트레스, 열등감, 상대적 박탈감에서 벗어나 자신의 삶에 집중하도록 만드는 일은 간단치 않은 과제다.

전부 한 방향으로 뛰는 대신 각자의 방향으로 달리면 모두가 일등이라는 말이 있다. 개인의 고유성originality을 추구해 '유일한' 사람이 되면 굳이 경쟁하지 않아도 나름의 성공을 거두며 행복해질 수 있다는 뜻이다. 사실 우리가 모르거나 이해하지 못하는 이야기는 아니다. 하지만 내면의 고유한 가치를 인정하고 존중하며 살아온 경험이 부족한 까닭에 현실에서 유의미한 변화를 만들어내지 못한다.

변화는 다수가 공유하는 사회경제적 욕망의 본모습을 직시하고 인정하는 데서 시작한다. 우리는 왜 다른 이들에 발맞추어

한 방향으로 달리고 있는가? '숫자'에 가려진 사람들의 진짜 욕망, 즉 남들보다 나은 삶, 나아가 뒤처지지 않는 삶을 살고자 하는 욕망을 바로 보고 어떻게 조화롭게 풀어낼지 고민하며 우리가 나아갈 길을 설계하는 것이 바람직한 첫걸음이라 할 수 있다.

숫자 외에도 가치를 발견하고 삶에 의미를 부여할 수 있어야 한다. 그러나 오늘 하루가 팍팍한 사람들에게 삶에서 돈보다 더 중요한 것이 있다는 목소리는 공허하다. 당장 내일이 불안한 이들에게 경제적 자유는 목적이 아니라 수단이라는 이야기는 와닿지 않는다. 사회가 사람들에게 돈이나 직업, 학벌, 차, 아파트 등 결국 숫자로 환산되는 유무형의 가치 외에도 삶의 성공과 만족에 이르는 길을 보여줄 수 있어야 한다. 다른 이들에게 뒤처지지 않으려는 마음을 먹지 않아도 괜찮도록, 우월감과 자격지심의 진자운동을 반복하지 않도록 기본적인 여건부터 마련해가야 한다.

그리하여 내 주변의 가까운 공동체를 통해 정서적 결핍을 채우는 한편 서로 신뢰할 수 있는 사회적 연결을 기반으로 각자의 다양한 삶에 지속 가능성을 부여해야 한다. 주입된 일률적 욕망에서 벗어나 장기적인 관점에서 개개인이 갖는 다양한 욕구가 발현되고 사회에 받아들여지도록 폭을 넓혀가는 것이 현시점에서 그나마 우리가 그려볼 만한 목표일 것이다.

누군가가 편해지면 다른 누군가는 불편해지는 것이 맞는

가? 남의 불행으로 나의 행복을 쌓아가는 것이 우리 사회가 추구해야 할 건강한 방향일까? 이러한 생각이 당연하지 않은 사회를 바란다. 나는 우리에게 여전히 다른 이들과 함께 살아가려는 따뜻한 마음과 그들을 기꺼이 믿으려는 의지가 존재한다고 생각한다. 그리고 다양한 성공과 만족을 누릴 기회가 아직 있다고도 믿는다. 숫자 자릿수를 늘려기는 대신 다채로운 요소로 삶을 충만하게 채울 방안에 대해 더 깊은 고민을 나눌 수 있기를 기대한다.

주

Chapter 1 돈에 미친 사람들은 누구인가

1   박명수. "[청춘페스티벌] 꿈이 없이 직장생활을 한다는 것. 퇴사 취업 다 필요 없고 사실은 이게 정답이에요." 마이크임팩트. 2022.8.26. 동영상. 3:51. https://youtu.be/8ubZiWLSyz8

2   Richard A. Easterlin. "Does Economic Growth Improve the Human Lot?" in Paul A. David and Melvin W. Reder eds. *Nations and Households in Economic Growth: Essays in Honor of Moses Abramovitz.* New York: Academic Press. Inc. 1974.

3   Daniel Kahneman kahneman. Angus Deaton. "High income improves evaluation of life but not emotional well-being." *PNAS.* September 7. 2010.

4   U. S. Bureau of Labor Statistics. https://www.bls.gov

5   권석현. "2020년 국세통계연보." 국세청. 2020.

6   Twenge and Cooper. The expanding class divide in happiness in the United States. 1972-2016. Emotion. 2020.

7   Sustainable Development Solutions Network. "World Happiness Report 2022." *World Happiness Repor*t. 2022.

8   "Income inequality." OECD Data. https://data.oecd.org/inequality/income-inequality.htm

Chapter 2 숫자 이면에 숨겨진 생존 투쟁

1   Kahneman, D., Tversky, A. Prospect Theory: An Analysis of Decision under Risk. *Econometrica* 47. 1979.

2   OECD. *Under Pressure: The Squeezed Middle Class*. 2019.

3   보건복지부. 2022년 기준 중위소득 및 생계·의료급여 선정기준과 최저보장수준. 고시 제2021-211호. 2022.

4   Lee Ying Shan. "South Koreans are the world's biggest spenders on luxury goods." CNBC. January 12. 2023.

5   아이지에이웍스. SNS/커뮤니티 앱 사용 분석 리포트. 2022.

6   송규봉, 이일섭. "'공간'과 '장소'를 중시하는 그들. 겸손과 고객 중시가 '힙플레이스' 만든다." 동아비즈니스리뷰. 243호. 2018.

7   엄묘섭. "시민사회의 문화와 사회적 신뢰." 문화와 사회. 제3권. 제2호. 2007; 이정규. "삶의 만족감과 사회적 자본-시민적 참여. 신뢰. 사회적 자원의 효과를 중심으로." 인문사회과학연구. 2009.

8   유홍준. 홍훈식. "집단참여가 사적 공적 신뢰에 미치는 영향." 성균관대학교 사회과학연구소. 2009.

9   Robert D. Putnam. *Bowling Alone: The Collapse and Revival of American Community*. Touchstone Books by Simon & Schuster, First Edition. 2001.

10 김상민, 김현호. "'더 나은 삶의 질 지수' 분석 및 대응 전략 수립: 사회적 관계망 및 공동체 부문을 중심으로." 한국지방행정연구원. 2019.

11 한국방정환재단. "제2차 한국 어린이·청소년 행복지수 국제비교연구조사결과 보고서." 연세대학교 사회발전연구소. 2010.

12 한국방정환재단. "제12차 한국 어린이·청소년 행복지수 국제비교연구조사결과 보고서". 연세대학교 사회발전연구소. 2021.

13 김희삼. "4개국 대학생들의 가치관에 대한 조사." 한국개발연구원 광주과학기술원. 2017.

14 서울시교육청 교육연구정보원, "학원 휴일휴무제 및 학원비 상한제 도입방안 연구." 2017.

Chapter 3 한국형 성공에 얽힌 욕망, 잠복기는 끝났다

1 이병휴. "양반이란 무엇인가." 한국사 시민강좌. 2001.; 이성임. "16세기 양반사회의 '선물경제'". 한국사연구회. 2005.

2 이성임. "조선중기 양반의 경제생활과 재부관." 한국사 시민강좌. 2001.

3 이병휴. "양반이란 무엇인가." 한국사 시민강좌. 2001.

4 이철승.《쌀 재난 국가》. 문학과지성사. 2021.

5 전은경. "현대 수능과 조선시대 과거시험의 비교." 브레인미디어. 2012.11.12.

6 이기환. "최고 5만 대 1의 극한경쟁률… 조선시대 과거시험의 비밀." 경향신문. 2021.11.22.

7 송준호. "조선시대의 문과에 관한 연구." 1975.

8 국사편찬위원회.《한국사》. 국사편찬위원회. 2013.

9 신광영. "한국사회의 계급과 신분질서의 변동." 경제와사회. 1999; 차남희. "후기 조선사회에 있어서의 자본주의의 농촌침투와 농민운동." 한국정치학보. 1991.

10 송찬섭. "17·18세기 신전개간의 확대와 경영형태." 한국사론. 1985.

11 이호철.《농업경제사연구》. 경북대학교출판부. 1998.

12 국사편찬위원회.《한국사》. 국사편찬위원회. 2013.

13 Talhelm et al. Large-scale psychological differences within China explained by rice versus wheat agriculture. Science. 2014.

14 Dong et al. Thomas Talhelm, Xiaopeng Ren. Teens in Rice County Are More Interdependent and Think More Holistically Than Nearby Wheat County. *Social Psychological and Personality Science.* 2019; Lee et al. People in Historically Rice-Farming Areas are Less Happy and Socially Compare More than People in Wheat-Farming Areas. *Journal of Personality and Social Psychology.* 2023; Talhelm et al. Large-scale psychological differences within China explained by rice versus wheat agriculture. *Science.* 2014; Talhelm et al. Moving chairs in Starbucks: Observational studies find rice-wheat cultural differences in daily life in China. *Science Advances.* 2018; 이철승.《쌀 재난 국가》. 문학과지성사. 2021; 페르낭 브로델.《물질문명과 자본주의 1-1: 일상생활의 구조(상)》. 까치. 1995.

15 허태균.《어쩌다 한국인》. 중앙북스. 2015; 한민.《선을 넘는 한국인 선을 긋는 일본인》. 부키. 2022.

16 주강현.《두레, 농민의 역사》. 들녘. 2006.

17 배영동. "조선후기 두레로 본 농업생산의 주체." 실천민속학연구. 2004.

18 도선자. "남해 지역 길쌈 두레 운영의 특징과 현재적 의미." 동아시아고대학회. 2019

19 이철승. 《쌀 재난 국가》. 문학과지성사. 2021.

20 이철승. 《쌀 재난 국가》. 문학과지성사. 2021.

21 Cash, T. F., Cash, D. W., & Butters, J. W. Mirror, mirror in the wall…? Contrast effects and self-evaluations of physical attractiveness. *Personality and Social Psychology*. 1983.

22 김판석, 윤주희. "고려와 조선왕소의 관리등용제도: 괴거제도의 재해석." 한국사회와행정연구. 2000.

23 강철성. "조선 초 자연재해 분석 및 구휼에 대한 연구." 한국지리학회지. 2012.

24 주강현. 《두레, 농민의 역사》. 들녘. 2006.

25 신성환. "조선후기 농촌공동체의 운영과 농부가류 가사". 우리어문연구. 2012.

26 백경은. "2022 행정안전통계연보." 행정안전부. 2022.

27 유재동. "1962년 가봉보다 못살던 한국… 1970년 필리핀-2005년 대만 앞질러." 동아일보. 2012.09.19.

28 민주화운동기념사업회 연구소. 《한국민주화운동사》. 돌베개. 2008.

29 "[교육부 청소년지도안] 힙합바지·염색머리 단속한다." 조선일보. 1997.4.18.

30 홍정훈, 김기태. "영끌하는 2030세대와 1가구1주택 소유체제." 한국사회보장학회. 2020.

31 경제정의실천시민연합. "2004년 이후 서울 주요아파트 시세변동 분석결과." 2022.

Chapter 4 숫자 너머 새로운 도약

1 임희섭. "한국사회 시민성의 이론적 고찰." 한국사회. 2001; 박상필. "한국 시민사회의 변화와 새로운 역할." 한국NGO학회. 2015.

2 "천주교신도들 한때 가두시위." 동아일보. 1974.9.27.

3 "'명동 해산' 뒤에도 전국서 시위." 동아일보. 1987.6.16.

4 "우리 아파트는 '이웃사촌'들과 별걸 다해요." I-view. 2022.11.28.

5 김승민. "동대문구가 만드는 아파트 이웃사촌." 서울자치신문. 2022.7.21.

6 김태훈. "[표지 이야기] '아파트 사촌'으로 살 수는 없을까." 주간경향. 2020.8.10.

7 통계청. 2022년 국내인구이동통계 결과. 2023.

8 기성훈. "'고단한' 서울 청년살이… 월세 살며 1.4년마다 이사한다." 머니투데이. 2022.07.27.

9 통계청. 2022년 국내인구이동통계 결과. 2023.

10 김찬동. "주민주권에 입각한 아파트단지의 자치관리 활성화 방안." 2019.

11 엠브레인 트렌드모니터. 2022 이웃 및 동네(지역사회) 관련 인식 조사. 2022.

12 대통령 소속 자치분권위원회와 행정안전부에서 개최한 "공동주택 공동체 활성화 정책 토론회" 내용 참조.

13 김태훈. "[표지 이야기] '아파트 사촌'으로 살 수는 없을까." 주간경향. 2020.8.10.

14 조귀동. 《세습 중산층 사회》. 생각의힘. 2020.

15 "주택보급률." KOSIS 국가통계포털. https://kosis.kr/

16 "이어짓기." 한국민족문화대백과사전. https://encykorea.aks.ac.kr/Article/E0045103

17 James S. Coleman. Social Capital in the Creation of Human Capital. *American Journal of Sociology.* 1988; Fukuyama. Social Capital and the Global Economy. *Foreign Affairs.* 1995; Ostrom. Coping with Tragedies of the Commons. *Annual Review of Political Science.* 1999.

18 심수진, 남상민, 김은아. "2022 국민 삶의 질 보고서." 통계개발원. 2023

19 강헌주. "직장인 81퍼센트 '일보다 인간관계 스트레스가 퇴사 더 영향'." 플랫폼 뉴스. 2019.5.1.

20 권효중. "'왜 굳이 전화해?' 통화가 두려운 MZ세대들." 이데일리. 2023.3.20.

21 서종녀, 하성규. "공동주택 커뮤니티와 사회적 자본의 영향요인 분석." 대한국토도시계획학회. 2009.

22 하승현. "근린환경이 사회적 신뢰에 미치는 영향에 관한 연구: 서울특별시를 중심으로." 주택도시금융연구. 2018.

23 Wood et al. "Street Apart: Does Social Capital Vary with Neighborhood Design?", Urban Studies Research, 2012.

24 하승현. "근린환경이 사회적 신뢰에 미치는 영향에 관한 연구: 서울특별시를 중심으로." 주택도시금융연구. 2018.

25 로버트 퍼트넘. 《나 홀로 볼링》. 페이퍼로드. 1996; Freeman, Lance. The Effects of Sprawl on Neighborhood Social Ties. *Journal of American Planning*

Association. 2001

26 이경호. "신뢰와 삶의 만족에 있어 사회적 포용성의 보편적 측면에 관한 연구: 사회적 지위 인식에 따른 조절된 매개효과를 중심으로." 재단법인 경기연구원. 2021.

27 Jones. P et al. The role of education. training and skills development in social inclusion: The University of the Heads of the Valley case study. Emerald Group Publishing Limited. 2011.

숫자사회

초판 1쇄 발행 2023년 6월 20일
초판 5쇄 발행 2023년 7월 31일

지은이 임의진
펴낸이 권미경
편집장 이소영
기획편집 김효단
마케팅 심지훈, 강소연, 김재이
디자인 studio forb
펴낸곳 (주)웨일북
출판등록 2015년 10월 12일 제2015-000316호
주소 서울시 마포구 토정로 47 서일빌딩 701호
전화 02-322-7187 **팩스** 02-337-8187
메일 sea@whalebook.co.kr **인스타그램** instagram.com/whalebooks

ⓒ 임의진, 2023
ISBN 979-11-92097-50-3 (03330)

소중한 원고를 보내주세요.
좋은 저자에서 좋은 책이 나온다는 믿음으로, 항상 진심을 다해 구하겠습니다.